Howard Fuhs

Computerviren und ihre Vermeidung

Howard Fuhs

Computerviren und ihre Vermeidung

Ein übersichtlicher, praxisorientierter Leitfaden für jeden PC-Anwender

Die Deutsche Bibliothek - CIP-Einheitsaufnahme

Fuhs, Howard:
Computerviren und ihre Vermeidung : ein übersichtlicher,
praxisorientierter Leitfaden für jeden PC-Anwender / Howard
Fuhs. - Braunschweig ; Wiesbaden : Vieweg, 1993

Druck und buchbinderische Verarbeitung: Weihert-Druck, Darmstadt
Gedruckt auf säurefreiem Papier

ISBN-13: 978-3-528-05319-2   e-ISBN-13: 978-3-322-84213-8
DOI: 10.1007/978-3-322-84213-8

Acknowledgments

Dieses Buch widme ich meinen Eltern und meiner Frau Martina, die über viele Jahre hinweg meine kuriosen Ideen unterstützt haben. Aber auch Eckart Menzler, der mich erst auf die Idee brachte ein Buch zu schreiben, sowie Alexa Walther, Daniel Pisano und Rob Vlaardingerbroek, die mir bei der Recherche zu diesem Buch sehr hilfreich waren.

Inhaltsverzeichnis

1 Vorwort

Dieses Buch soll weder eine streng wissenschaftliche Abhandlung über das Thema Computerviren darstellen, noch soll es Wege aufzeigen, wie solche Viren zu programmieren sind. Es soll auch nicht den "Mythos Computervirus" weiter nähren. Vielmehr soll dieses Buch relativ leicht verständlich Informationen zum Thema Computerviren bereithalten und den Leser so umfassend über dieses Thema informieren, daß der weitverbreitete Mythos des Computervirus durch eine sinnvolle Aufklärung der PC-Anwender und der Öffentlichkeit abgebaut werden kann.

Dieses Buch ist ebenso als Mittler zwischen den Virenforschern auf der einen Seite und den einfachen PC-Anwendern auf der anderen Seite gedacht. Es soll die Entdeckungen und neuen Sachverhalte der Virenforscher in eine, so hoffe ich, einfach zu verstehende Sprache für PC-Anwender umwandeln. Es soll ebenfalls als Nachschlagewerk für den PC-Anwender dienen, wenn es um die Virenprävention oder die Virenentfernung geht.

Ich befürchte allerdings, daß der PC-Anwender trotzdem gewisse Grundkenntnisse der Computertechnik benötigt, um einige Sachverhalte richtig zu verstehen. Aus Gründen der Aktualität werde ich in diesem Buch nur ganz selten gezielt auf den einen oder anderen Virus eingehen. Denn die heute aktuellen und gefährlichen Viren können morgen schon ein alter Hut sein und keine ernstzunehmende Gefahr mehr darstellen. Zu dem Zeitpunkt, als ich diese Zeilen schrieb, waren der Fachwelt ca. 1400 Viren bekannt. Auf all diese Viren in diesem Buch einzugehen, würde den Rahmen sprengen, und es wäre zum Zeitpunkt der Drucklegung bereits veraltet.

Die Idee zu diesem Werk kam mir im Februar 1992, als der Michelangelo-Virus durch die Medien geisterte. Aufgrund der vielen Anfragen meiner Kunden und der allgemein grassierenden, von den Medien geschürten Panik unter den PC-Anwendern, stellte ich fest, wie wenig Informationen und Wissen der PC-Anwender über Computerviren tatsächlich hat. In der Hoffnung, Wissenslücken

auszugleichen, glaubten viele PC-Anwender fast jedes Gerücht, das
von den Medien verbreitet wurde oder ihnen von Bekannten und
Freunden erzählt wurde. Alles schön nach dem Motto: "Wer nichts
weiß, muß alles glauben ". Bei fast jedem meiner Kunden fing der
erste Satz über das Thema Computerviren mit den Worten "Ich habe
gehört, daß ..... " an. Und am allerwenigsten wußten die Journalisten
über dieses Thema richtig und ausreichend Bescheid.

Daß viele diese Unwissenheit ausnutzten, um unseriöse Geschäfte
mit der Angst der PC-Anwender zu machen, muß ich hier wohl nicht
näher erläutern.

Die Leser, die dieses Buch mit Zufriedenheit oder einem leichten
Kopfnicken lesen, möchte ich bitten mir zu schreiben, ob an diesem
Buch das eine oder das andere noch verbessert werden könnte oder
müßte. Meinen Kritikern möchte ich sagen, daß ich immer an einer
konstruktiven Kritik interessiert bin.

Wiesbaden im April 1993

1.1 Beschriebene Computersysteme

In diesem Buch beschreibe ich hauptsächlich die Arbeitsweise von Computerviren für den IBM-kompatiblen PC unter dem Betriebssystem PC/MS-DOS. Es handelt sich um den am weitesten verbreiteten Computertyp, für den es (leider) auch die meisten Computerviren gibt. Auf die Beschreibung von Viren für Computer wie den Commodore Amiga und den Atari ST verzichte ich in diesem Buch völlig. Diese Computer spielen in der professionellen Anwendung von Computersystemen heute so gut wie gar keine Rolle mehr und sind nur noch als Hobbycomputer im Einsatz. Außerdem ist die Anzahl an Computerviren für diese Rechnersysteme relativ gering und stellt nur noch eine relativ geringe Gefahr dar. Ich nehme in diesem Buch auch Großcomputer mit dem UNIX Betriebssystem aus. Hierbei handelt es sich um Computersysteme, die in der Regel von Fachleuten und Informatikern betrieben und gewartet werden. Des weiteren sind für UNIX Systeme ebenfalls nur wenige, experimentelle Computerviren bekannt, die verhältnismäßig wenig verbreitet sind.

2 Einführung in das Thema Computerviren

Die Computervirenforschung ist eine relativ junge Wissenschaft. Es wurden zwar bereits in den 60er und 70er Jahren Forschungen an und mit virenähnlichen Programmen durchgeführt, aber erst in den letzten 6 Jahren kann man sagen, daß die Computervirenforschung sich zu einer richtigen Wissenschaft entwickelt hat. Das hat zur Folge, daß es weltweit verschiedene Definitionen und Terminologien zu ein und demselben Thema oder Problem gibt. Deshalb werde ich mich in diesem Buch den am häufigsten verwendeten Definitionen anschließen. Das heißt nicht, daß ich ein glühender Verfechter der einen oder anderen Definitionsweise bin, sondern nur, daß ich dieses Thema ja auch irgendwie zu Papier bringen muß. Und zwar so, daß es der einfache PC-Anwender versteht. Die Computervirenforschung muß sich in weiten Teilen ihre Terminologie erst selbst definieren. Diese Definitionen werden allerdings noch etwas auf sich warten lassen und haben eigentlich mehr akademischen als praktischen Nutzen. Deshalb bitte ich den Leser um Nachsicht, wenn er in gewissen Definitionen in diesem Buch Fehler sieht. Ich habe diese Definitionen nicht gemacht, sondern von Virenforschern übernommen, die mir die Art der Definition plausibel erklären konnten.

Die junge Wissenschaft der Computerviren hat vielleicht schon einiges hinter sich, aber auf alle Fälle noch viel mehr vor sich. Was gestern noch als fast unmöglich galt, kann heute schon Realität geworden sein. Wo früher einige Kleingeister die ersten einfachen Computerviren programmierten, sind es heute mitunter wissenschaftlich hervorragend ausgebildete Personen, die den Anti-Viren-Experten einige Nüsse zu knacken geben.

Leider genießen die Virenprogrammierer als "schlaue" Kriminelle einen erheblichen Respekt in der unkundigen Öffentlichkeit. Das scheint hauptsächlich daran zu liegen, daß dieser "High Tech Vandalismus" nicht zurückverfolgt werden kann. Entsprechend wenige Virenprogrammierer sind bisher gefaßt worden. Wenn man das Verhalten und die Meinung der Öffentlichkeit gegenüber Computerviren und ihren Autoren sieht, kann man dabei schon fast von einem "Robin-Hood-Syndrom" sprechen. Dieses Verhalten ändert sich aber schlagartig, wenn der eigene Computer plötzlich von einem Computervirus befallen ist.

Da ein Computervirus ein Angriff auf ein Rechnersystem oder auf bestimmte Daten darstellt, sollte es nicht einfach unter den Tisch gekehrt werden. Ich halte es jedoch für sehr wahrscheinlich, daß immer noch mehr Daten durch defekte Datenträger oder durch fehlerhafte Bedienung des Rechners verlorengehen als durch einen Computervirus. Auch ist nicht jede Merkwürdigkeit im Verhalten des Computers auf einen Computervirus zurückzuführen.

Nach wie vor sind gut 80% aller Virenalarme falsch. Deshalb sollte man sich seiner Sache sehr sicher sein bevor man laut "Virus" schreit. Alleine das Betriebssystem DOS mit all seinen Treibern und Hintergrundprogrammen sorgt im Zusammenspiel mit unterschiedlichen Computerkonfigurationen und Anwenderprogrammen für genügend seltsame Erscheinungen. Trotzdem wird das Thema Computerviren in Zukunft im Bereich der Datensicherheit immer mehr an Bedeutung gewinnen. Denn Datensicherheit ist die Aufgabe von jedermann, der sinnvoll und vor allen Dingen sicher seinen PC nutzen will.
Man kann heute davon ausgehen, daß mit dem zunehmenden Einsatz von PC´s im Beruf und im Privatleben die Virengefahr für die Daten und Programme eher zunimmt als abnimmt.
Wenn man nur vom PC ausgeht, so stehen heute weltweit an rund 25 Millionen Arbeitsplätzen Computer dieses Typs. Und man schätzt, daß bereits 25% aller Computer in der freien Wirtschaft mit einem oder mehreren Computerviren verseucht sind. So werden von Jahr zu Jahr die Kosten für einen virenbedingten Computerausfall in einer Firma höher. Die tatsächlich entstehenden Schäden lassen sich schon heute nicht mehr beziffern. Außerdem bleibt die Befürchtung daß, solange es noch irgendwo einen PC gibt, es immer irgendeinen Menschen geben wird, der darauf einen Computervirus programmiert. Und die primäre Auswirkung dieses Handelns ist heute eine monatliche Flut von bis zu 50 neuen Computerviren. Schon deshalb kann man sich in der Welt der Computer weder ein " Tabu " noch einen " Mythos Computervirus " erlauben.

2.1 Computerviren und die Medien

Wie ich bereits ausführte, kam mir die Idee zu diesem Buch während der Medienkampagne um den Computervirus Michelangelo, Ende Februar 1992. Ich weiß nicht, wer diesen Medienrummel losgetreten hat, aber von einem gewissen Moment an war in Fachkreisen vollkommen klar, daß das Ganze eine Eigendynamik entwickelte, die jeden überrollte, der versuchte sich dieser Lawine in den Weg zu stellen. Und was da alles über den Michelangelo-Virus in Umlauf gebracht wurde, war teilweise geradezu haarsträubend.

Der Hauptgrund dafür war eigentlich das Nichtvorhandensein von Fachwissen bei den Journalisten. Es hatte auch allen Anschein, daß viele Journalisten erst gar nicht versuchten, sich fachkundig zu machen. Sie erzählten oder schrieben einfach das, was sie sich unter einem Computervirus vorstellten, oder was sie von anderen gehört hatten. Wenn das Ganze nicht so traurig gewesen wäre, hätte man eigentlich darüber lachen können. Aber das war vielen Journalisten egal, Hauptsache sie hatten eine Story.

Auch ich gab damals in diesem Zusammenhang einem Journalisten ein Interview. Nachdem ich ihm 10 Minuten etwas über den Michelangelo-Virus erzählt hatte, war er nur der Meinung, er könne das nicht bringen, es sei nicht spektakulär genug. Dieser Vorfall kommentiert sich selbst.

Interessanterweise war zum Zeitpunkt des Medienrummels um den Michelangelo Computervirus das Thema in den Fachkreisen bereits weitgehend abgehakt und vergessen, denn es gab mehrere zuverlässige Anti-Viren-Programme, die den Michelangelo-Virus sowohl entdecken, als auch sicher entfernen konnten.

2.2 Computerviren und der Golfkrieg

Eine andere Geschichte, die heute noch durch die Welt geistert, ist eigentlich nur ein Aprilscherz einer amerikanischen Computerzeitschrift gewesen.

Diese amerikanische Computerzeitschrift behauptete in ihrer April-Ausgabe 1991, daß der CIA einen Computervirus in mehrere Drucker eingebaut hätte, und diese Drucker über Jordanien, unter Umgehung des UN Embargos, in den Irak gelangt seien (natürlich absichtlich und gewollt). Der Virus hätte dann bei der Operation Desert Storm die gesamten computergesteuerten Luftverteidigungs- und Radaranlagen des Irak ausgeschaltet oder gestört. Soviel zu diesem Aprilscherz für Fachleute.

Interessant wurde es aber, als ein bekannter amerikanischer Nachrichtensender einige Wochen später diese Story als wahr und wirklich geschehen seinen Zuschauern meldete und selbst der CIA daran glaubte und sich auf die Schulter schlug (entsprechende Interviews mit "Verantwortlichen" wurden in amerikanischen Zeitungen veröffentlicht). Deshalb kann ich nur jedem, der sich für das Thema Computerviren interessiert oder sich darüber informieren will, raten, seine Informationsquellen sehr kritisch auszusuchen. Außer den Fachzeitschriften bleiben einem da nur noch entsprechende Fachbücher. Eine Liste mit weiterführender Literatur wird am Ende dieses Buches veröffentlicht.

2.3 Computerviren und die Kunst

Kurz vor Weihnachten 1992 wurde von einem Münchner Performance Künstler ein "Computervirus" zum Kauf angeboten mit dem Hinweis, es handele sich damit um das "ultimative Weihnachtsgeschenk für PC-Besitzer". Dieser "Computervirus" sollte in einer limitierten Auflage verkauft werden und soll bei Aufruf die Festplatte formatieren, während auf dem Bildschirm eine Grafik erscheint. Kostenlose Werbung erhielt dieses "Produkt" durch die ARD Business Show "How Much?", in welcher der "Computervirus" und der Künstler vorgestellt wurden.

Der "Computervirus" hat den Namen Softkiller, und es wurde ausdrücklich darauf verwiesen, daß Softkiller Daten auf Datenträgern zerstört und sich selbst überschreibt, nachdem alle Daten zerstört sind. Nachdem Softkiller zum Kauf angeboten wurde, hat sich das Bayrische Landeskriminalamt eingeschaltet, um zu überprüfen, ob es sich dabei um einen Fall von Computersabotage handelte. Bei der Überprüfung gab der Künstler jedoch an, daß es sich bei Softkiller nicht um ein sich selbstvermehrendes Programm handelte und damit auch kein Computervirus sei. Bei dieser Aktion bleibt nur zu hoffen, daß dieses Beispiel keine Schule macht und noch mehr von solchen Künstlern auf die Idee kommen, "Computerviren" als Kunst zu verkaufen.

2.4 Computervirenprogrammierer

Es ist nicht so, daß ein Computervirenprogrammierer die graue Eminenz im Hintergrund ist. Einige Programmierer von Computerviren sind bereits erwischt worden, auch wenn dies mehr auf ihre eigene Dummheit oder Unachtsamkeit zurückzuführen ist. So wurde in einem Computervirus bereits die Telefonnummer des Programmierers gefunden. In Staaten mit der entsprechenden Gesetzgebung können (und wurden) solche Leute vor Gericht gestellt und auch verurteilt.

Interessant wird es aber in Staaten, die über keine entsprechenden Gesetze verfügen. Dies ist vor allen Dingen in den ehemaligen Ostblockstaaten der Fall. Hier sind die Autoren von Computerviren namentlich bekannt, geben Journalisten Interviews oder unterhalten Mailboxen zum Zweck des Virentauschs und der Virenverbreitung. Da keinerlei gesetzliche Grundlage vorhanden ist, kann man gegen diese Personen auch nicht vorgehen, da sie nichts Illegales in ihrem Land tun. Fragt man einen Virenprogrammierer nach seinen Motiven, sind die häufigsten Antworten, daß es ein sehr interessantes Programmiergebiet sei, man mache es einfach so zum Spaß, um besser Programmieren zu lernen, um neue Ideen auszuprobieren, oder damit man das (neue) Betriebssystem etwas besser kennenlernt. Einige Autoren machen es auch zu Studien- und Forschungszwecken. Es gibt sogar einige Virenprogrammierer, die wieder aufgehört haben Viren zu schreiben mit der Begründung,

es sei so einfach, daß es mit der Zeit keinen Spaß mehr mache. Ausnahmen bestätigen aber auch hier die Regeln.
 Eine solche Ausnahme ist ein Virenprogrammierer, der sich selbst Dark Avenger nennt. Er soll in einem Interview gesagt haben, für ihn sei es ein Vergnügen, Daten und die Arbeit anderer Leute zu zerstören.
Gerade Virenprogrammierer aus dem Ostblock sind technologisch im Moment tonangebend. Sie sind hervorragend ausgebildet und geschult, sind größtenteils unterbezahlt und haben mitunter sehr viel Zeit.

2.5 Viren-Mailboxen

Viele Virenprogrammierer bedienen sich einiger weniger Mailboxen, um Computerviren zu tauschen und/oder zu verbreiten. Solche Mailboxen sind in der Regel nur Insidern bekannt, und man bekommt meistens nur dann Zugang zu dieser Mailbox, wenn man einen (möglichst) neuen und/oder unbekannten Computervirus in diese Mailbox hochlädt. Das hat zur Folge, daß viele Personen, die über keine neuen Computerviren verfügen, einen neuen Computervirus programmieren, um Zugang zu der Mailbox zu erhalten. Wer Zugang zu einer solchen Mailbox hat, der hat in der Regel ein Zugriffsrecht auf mehrere Hundert verschiedene Computerviren, Sourcecode von Computerviren und Programmierhinweise und Programmierhilfen für Computerviren. Wer eine Zugangsberechtigung zu einer solchen Mailbox erhält, kann sich dort unter einem Phantasienamen eintragen und die Mailbox nutzen. Die Identität des Benutzers wird vom Betreiber der Mailbox (SysOp) nicht überprüft.
Gegen solche Mailboxen kann nichts unternommen werden, da sie gegen kein Gesetz verstoßen. Andererseits wäre ein Gesetz gegen solche Mailboxen auch hinderlich, da damit auch der Austausch von Computerviren innerhalb des Kreises der Computervirenforscher illegal wäre. Denn Computervirenforscher bedienen sich ebenfalls der Mailboxtechnik, um untereinander schnell Computerviren und Informationen über Computerviren auszutauschen. Bei diesen Mailboxen sind nur die Zugangsbedingungen anders und wesentlich schärfer definiert.

2.6 Militärische Computerviren

Sehr oft hört man Gerüchte über militärische Computerviren welche die Software auf feindlichen Computern angreifen und zerstören sollen. Bisher wurde bekannt, daß in den USA, in Rußland und in Frankreich solche Forschungen durchgeführt wurden. Der Einsatz solcher Computerviren ist allerdings sehr fragwürdig. Der PC wird innerhalb militärischer Strukturen nur begrenzt im Bereich der Verwaltung und Logistik eingesetzt. Man wäre zwar hier in der Lage, einen begrenzten Schaden anzurichten, dieser Schaden würde aber nur wenig Einfluß auf die militärische Organisation haben und in keiner Relation zum betriebenen Aufwand stehen. Alle größeren militärischen EDV-Anlagen in irgendwelchen Kommandozentralen bestehen in der Regel aus Großrechnern, für die ein Computervirus extra programmiert werden müßte. Und selbst wenn dies geschehen ist, müßte dieser Computervirus in die entsprechende Groß-rechenanlage eingeschmuggelt werden. Ist man aber erst in der Lage, einen Computervirus in ein solches militärisches Rechen-zentrum einzuschmuggeln, wäre gegen dieses Rechenzentrum wohl eine Bombe von größerer Wirkung ein Computervirus.

2.6.1 Computergestützte Waffensysteme

Noch schlechter sieht es im Bereich der computergestützten Waffensysteme aus. Hier wird in der Regel für jedes Waffensystem den Anforderungen entsprechend ein eigenes Computersystem entwickelt. Man hat es also mit von Waffensystem zu Waffensystem unterschiedlichen Rechnern zu tun, die in der Regel auch unterschiedliche Betriebssysteme haben. Hinzu kommt noch, daß alle ausführbaren Dateien (wie z.B. das Betriebssystem) meistens in einem ROM oder EPROM abgelegt sind, da solche Rechner-plattformen für Waffensysteme nur die Eingabe von irgendwelchen Daten, Parametern oder Koordinaten erlauben. Außerdem ist eine Kommunikation untereinander (z.B. Dateitransfer mittels Diskette) bei solchen Rechnersystemen nicht vorgesehen. Selbst wenn man von einer Datenübertragung zwischen den Rechnerplattformen ausgeht, so würden doch nur Daten aber keine ausführbaren Dateien untereinander übertragen. Bei diesen Computersystemen wäre der Einsatz von Computerviren also technisch nicht möglich.

3 Was ist ein Computervirus ?

Ein Computervirus wird im wissenschaftlichen Sinne wie folgt
definiert:

**Ein Computervirus ist ein selbstvermehrendes Segment von
ausführbarem Computercode, der in ein Wirtsprogramm
eingebettet ist.**

Das heißt, daß ein Computervirus ähnlich aufgebaut ist wie ein
normales Anwenderprogramm. Der Virus wurde in einer
Programmiersprache programmiert und dann in Maschinencode
compiliert. Der Unterschied zu einem Anwenderprogramm ist, daß
der Computervirus kein eigenständiges Programm ist, sondern nur
eine gewisse Befehlsabfolge enthält. Der Computervirus benötigt
einen Wirtskörper, der ihn ausführt. Diese Wirtskörper sind
ausführbare Dateien von Anwenderprogrammen. Der Computervirus fügt sich in die ausführbare Datei des Anwenderprogramms
ein d.h. er modifiziert diese Datei. Wenn der Anwender diese Datei
aufruft, wird automatisch der Computervirus mit aufgerufen und mit
ausgeführt.

Im allgemeinen steht die Bezeichnung "Computervirus" auch für
jede Art von Programmcode, der seine wahren (möglicherweise
böswilligen) Absichten vor dem Computeranwender versteckt
und/oder vom Computeranwender nicht gewünschte Aktivitäten
ausführt (wie z.B. das Selbstvermehren).

Ein Computervirus muß aber nicht unbedingt eine bösartige
Absicht haben. So sind Computerviren bekannt, die nichts anderes
machen als sich solange zu vermehren, wie Wirtsprogramme zur
Verfügung stehen, ohne irgendwelche zerstörerischen Angriffe auf
Dateien oder Daten auszuführen. Trotzdem bleibt ein solcher
"ungefährlicher" Computervirus ein vom Anwender ungewollter
Eingriff in die Datenstruktur des Rechners. Da aber auf Anhieb
nicht erkannt werden kann, ob dieser Computervirus gefährlich
oder "ungefährlich" ist, kann der Anwender seinen vorhandenen
Daten nicht mehr das nötige Vertrauen entgegenbringen.

Sie könnten von dem Computervirus auch verändert worden sein. Und selbst wenn der Computervirus zu den "ungefährlichen" Computerviren zählen sollte, so benötigt er zum Vermehren Rechenkapazität der CPU, Platz auf der Festplatte und er belegt eventuell sogar Netzwerkverbindungen.

3.1 Aufbau eines Computervirus

Der interne Aufbau eines Computervirus besteht in der Regel aus vier Teilen.

| Infektor | Wirt | Kopierroutine | Status |

Abbildung 1: Interner Aufbau eines Computervirus

Der Infektorteil ist das Kernteil des Computervirus und sorgt für ein korrektes Identifizieren und Infizieren des Wirtsprogramms, trägt die Triggerbedingung und die Schadensroutine (Payload), sucht die Wege für eine Infektion und versucht eine Entdeckung des Computervirus zu vermeiden, indem es alle verdächtigen Aktivitäten tarnt.

Der Wirtsteil ist ganz einfach das Wirtsprogramm in welches sich der Computervirus eingefügt hat. Er benötigt diese Wirtsdatei, um aufgerufen und ausgeführt zu werden.

Die Kopierroutine kopiert den Computervirus in andere Wirtsdateien. Diese Kopierroutine kann aber auch für die Speicherung von vom Computervirus verlagerten Daten zuständig sein (z.B. Boot-Sektor-Virus & MBR).

Die Statusroutine soll ein mehrfaches Infizieren einer Datei verhindern. Dieser Statusteil setzt in der Regel ein einziges Flag-Bit in der Wirtsdatei, an dem der Computervirus erkennt, ob die Datei bereits von ihm infiziert ist oder nicht.

3.2 Aufruf eines Computervirus

Der Aufruf eines Computervirus geht folgendermaßen vor sich:

Der Anwender ruft die ausführbare, infizierte Datei eines Anwenderprogramms auf. Die aufgerufene Datei wird vom Computer gestartet und gibt dann sofort die Kontrolle an den Computervirus weiter. Der Computervirus versucht nun unbemerkt weitere Wirtskörper, sprich ausführbare Dateien, zu finden und durch Einfügen einer Kopie von sich selbst zu infizieren. Danach gibt er im Normalfall die Kontrolle an das Wirtsprogramm zurück, damit dieses ohne große Schwierigkeiten weiter ausgeführt werden kann. Dadurch scheint das Anwenderprogramm für den Anwender ganz normal zu laufen. Auf diese Art und Weise verbreitet sich ein Computervirus auf einem Computer. Zwischen den Computern verbreitet sich der Virus entweder über Datenträger wie z.B. Disketten, die infizierte Programme enthalten, oder über Computernetzwerke.

3.3 Wodurch unterscheiden sich Computerviren von anderen Sicherheitsproblemen?

Gerade im Bereich von Computern und der damit verbundenen Datenverarbeitung gibt es eine Vielzahl von Sicherheitsproblemen. Fehlerhafte Paßwortprogramme, unzufriedene Mitarbeiter oder auch schlecht geschützte Netzwerkeingänge. Jedes dieser Sicherheitsprobleme kann zurückverfolgt werden. Und genau da liegt auch der Unterschied zum Computervirus.

Er kann fast nie zurückverfolgt werden. Das bedeutet, daß ein Computervirusprogrammierer sich sehr sicher sein kann, nicht entdeckt zu werden, wenn er einen Computervirus programmiert oder in anderen Computern aussetzt. Man hat also in seinem Computersystem eine Sicherheitslücke, so groß, daß ein Rheindampfer bequem darin drehen kann, aber man ist nur sehr schwer in der Lage, diese Lücke zu verkleinern oder zu stopfen. Denn je kleiner man diese Sicherheitslücke macht, um so mehr muß man die Arbeit und den Zugriff auf das Computersystem überwachen, limitieren und einschränken. Ab einer gewissen Stufe der Sicherheit ist aber ein vernünftiges Arbeiten mit dem Computersystem nicht mehr möglich. Man muß in diesem Fall einen goldenen Mittelweg zwischen Sicherheit und Anwenderfreundlichkeit suchen. Und man sollte auch nicht außer acht lassen, daß ein hundertprozentiger Virenschutz in der Praxis nicht möglich ist. Man wird ihn nie erreichen können. In der Atomindustrie ist die Bezeichnung dafür das Restrisiko.

3.4 Unzulängliche Betriebssysteme

Computerviren machen sich eine Unzulänglichkeit des Betriebssystems DOS zunutze. Dieses Betriebssystem hat praktisch keinerlei Sicherheitslevel für Anwender und Dateien. Dadurch ist es so relativ einfach, für dieses System einen Computervirus zu programmieren, der irgendwelche Manipulationen ausführt.

Anders sieht es da bereits beim Betriebssystem UNIX aus. In diesem Betriebssystem können verschiedene Sicherheitsmaßnahmen getroffen werden, um den Mißbrauch durch Anwender einzudämmen. Auch dieses Betriebssystem ist natürlich nicht 100%ig sicher gegen Manipulationen, es ist aber wesentlich schwieriger, irgendwelche illegalen Maßnahmen unter dem Betriebssystem UNIX durchzuführen.

3.5 Architekturabhängige Computerviren

Diese Computerviren sind nur für ein bestimmtes Computersystem (Architektur) geschrieben. So wird die überwiegende Mehrheit der Computerviren für den IBM-kompatiblen PC mit dem Betriebssystem MS-DOS geschrieben. Das Betriebssystem stellt die Software-Architektur dar. Die Hardware-Architektur besteht in diesem Fall aus der INTEL CPU Serie 8086 bis 80486.
 Aber auch innerhalb dieser Architektur kann es Abweichungen geben, die für das Funktionieren oder nicht Funktionieren eines Computervirus verantwortlich sind. So wurden die ersten Computerviren für den früher weit verbreiteten 8086 Prozessor geschrieben.

Diese CPU ließ jedoch Befehle zu, die bei späteren weiter entwickelten CPU´s nicht mehr angewandt werden konnten. So ließ die 8086 CPU den (undokumentierten) Befehl "MOV CS, AX" zu und führte ihn ohne Probleme aus. Der gleiche Befehl konnte auf CPU´s vom Typ 80286/80386 nicht ausgeführt werden. Dies bedeutete, daß ein Computervirus, der mit dieser Befehlsfolge arbeitet, auf einem Rechner mit 8086 CPU funktioniert, auf einem Computer mit 80286/386/486 CPU aber nicht mehr funktionieren konnte. Weiterhin kann man sagen, daß diese architekturabhängigen Computerviren keinen anderen Computer anderer Bauart infizieren können. So ist es z.B. nicht möglich, einen Commodore C64 mit einem Computervirus, der für INTEL 80x86 CPU´s und das Betriebssystem MS-DOS geschrieben ist, zu infizieren. Die gleichen Probleme dürfte man zwischen IBM kompatiblen Computern und einem Apple MacIntosh bekommen.

Es reicht aber auch schon ein Betriebssystemwechsel, um Computerviren Schwierigkeiten zu bereiten. So können Computerviren, die für das Betriebssystem MS-DOS programmiert wurden, nur in einer DOS-Box des Betriebssystems IBM OS/2 funktionieren. Unter OS/2 selbst sind diese Viren nicht funktionsfähig.

3.6 Architekturunabhängige Computerviren

Da es auch andere Computer gibt, die in der Lage sind, eine von MS-DOS formatierte Diskette zu lesen, kann die Möglichkeit von systemübergreifenden Computerviren in Zukunft nicht mehr ganz ausgeschlossen werden. Es wäre also durchaus denkbar, einen Computervirus zu programmieren, der sowohl einen IBM-kompatiblen Computer infizieren kann, als auch einen Atari ST mit einer 68000er CPU von Motorola. Wenn zwei verschiedene Computersysteme die gleichen Diskettenformate lesen können, wäre die einfachste Möglichkeit für einen Computervirus ein Boot-Sektor-Infektor, da beide Systeme auf den gleichen Boot-Sektor zugreifen und dessen Inhalt auch verstehen. Heute sind schon der Apple MacIntosh und der Atari ST in der Lage, DOS Disketten zu lesen. Im Zuge der Portierbarkeit von Daten auf andere Computer-architekturen wird diese Anpassung der Hardware immer mehr Verbreitung finden.

Zwar sind heute noch keine solche Computerviren bekannt, aber man kann sich in den nächsten Jahren wahrscheinlich noch auf einiges gefaßt machen. Es kann jetzt schon befürchtet werden, daß solche architekturunabhängigen Computerviren in den kommenden Jahren immer mehr in Erscheinung treten werden. Bedingung hierfür ist allerdings nicht nur die Lesbarkeit von Diskettenformaten, sondern auch das Verstehen der Instruktionen, die im Computervirus einprogrammiert sind. Zwar müßte ein solcher Computervirus auf einem sehr hohen Level geschrieben sein, damit er die gemeinsamen Konzepte von zwei völlig verschiedenen Computertypen nutzen kann, aber er bleibt bei der sehr schnell fortschreitenden Hardwareentwicklung für die Zukunft durchaus denkbar.

3.7 Wie bindet sich ein Computervirus in ein Wirtsprogramm ein?

Auch bei dieser Frage gibt es verschiedene technische Möglichkeiten, die für die Entfernung des Computervirus sehr wichtig sind.
Denn nur wenn man weiß, wo man den Computervirus suchen muß, hat man auch die Möglichkeit, den Computervirus zu finden und erfolgreich zu entfernen.

3.7.1 Anhängender Computervirus

Der Computervirus hängt sich an das Ende des Wirtsprogramms an.

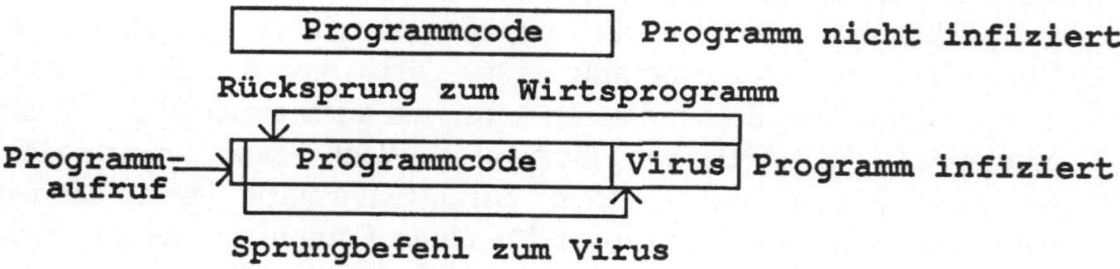

Abbildung 2: Anhängender Computervirus
Hierbei wird erst das Wirtsprogramm aufgerufen, welches durch einen Sprungbefehl den anhängenden Virus aufruft und ihm die Kontrolle übergibt. Nachdem der Computervirus seine

einprogrammierten Instruktionen abgearbeitet hat, gibt der Virus durch einen Rücksprungbefehl die Kontrolle wieder an das Wirtsprogramm zurück. Das Wirtsprogramm wird vom Computer ganz normal weiterverarbeitet.

3.7.2 Vorhängender Computervirus

Der Computervirus hängt sich vor das Wirtsprogramm

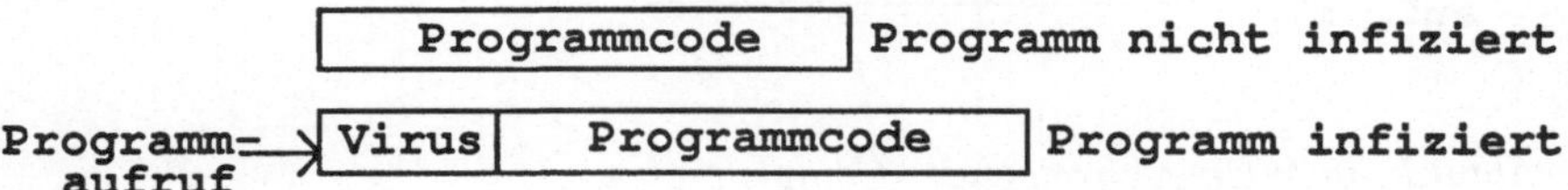

Abbildung 3: Vorhängender Computervirus

Hierbei verschiebt der Computervirus bei der Infektion Teile des Programmcodes vom Wirtsprogramm an eine andere Stelle auf dem Datenträger oder im Arbeitsspeicher.
In die dabei entstehende Lücke kopiert dann der Computervirus seinen eigenen Programmcode. Wird vom Anwender das infizierte Anwenderprogramm aufgerufen, so wird erst der Computervirus gestartet und dessen Programmcode abgearbeitet.
Nach der Abarbeitung des Viruscodes startet der Computervirus durch einen Sprungbefehl das Wirtsprogramm.

3.7.3 Einbindender Computervirus

Der Computervirus bindet das Wirtsprogramm in sich selbst als ein Unterprogramm ein.
Wird vom Anwender ein solchermaßen infiziertes Anwenderprogramm gestartet, so wird erst der Computervirus gestartet und dessen Programmcode abgearbeitet.
Nach der Abarbeitung des Viruscodes startet der Computervirus durch einen Sprungbefehl das Wirtsprogramm. Wird die Arbeit mit dem Wirtsprogramm vom Anwender beendet, so gibt das Wirtsprogramm die Kontrolle an den Computervirus zurück. Nach Beendigung des Wirtsprogramms ist dann meistens der Computervirus im Hauptspeicher resident vorhanden.

3.7.4 Überschreibender Computervirus

Der Computervirus überschreibt einfach soviel Programmcode seines Wirtsprogramms, wie er benötigt um sich selbst dort einfügen zu können.

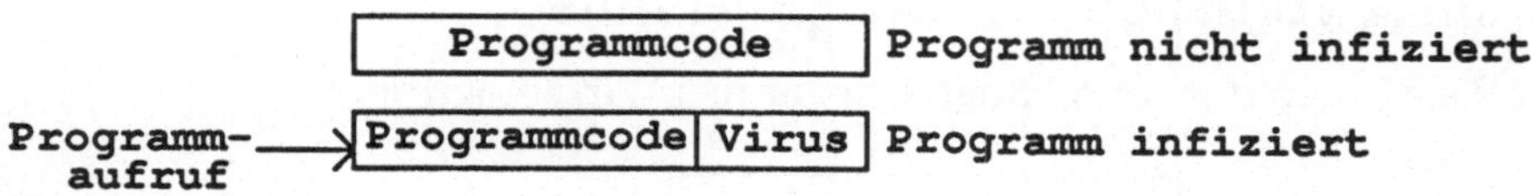

Abbildung 4: Überschreibender Computervirus

Wird vom Anwender ein solchermaßen infiziertes Anwenderprogramm gestartet, so wird erst der Computervirus gestartet und dessen Programmcode abgearbeitet.
Nach der Abarbeitung des Viruscodes startet der Computervirus durch einen Sprungbefehl das Wirtsprogramm. Da aber Teile des Wirtsprogramms durch den Computervirus überschrieben wurden, kann das Wirtsprogramm nicht mehr ausgeführt werden. Es kommt zu einer Fehlermeldung oder zu einem Systemabsturz. Durch das Überschreiben von Programmcode wird die Wirtsdatei ihre eigentliche Größe trotz Infizierung beibehalten. Durch diese einfache Vorgehensweise bei der Infizierung kann ein solcher Computervirus technisch relativ einfach und vor allen Dingen klein programmiert werden. Ein solcher überschreibender Virus kann gerade mal 30 Byte groß sein.

3.7.5 Einfügender Computervirus

Der Computervirus fügt sich einfach in der Mitte der Wirtsdatei ein.

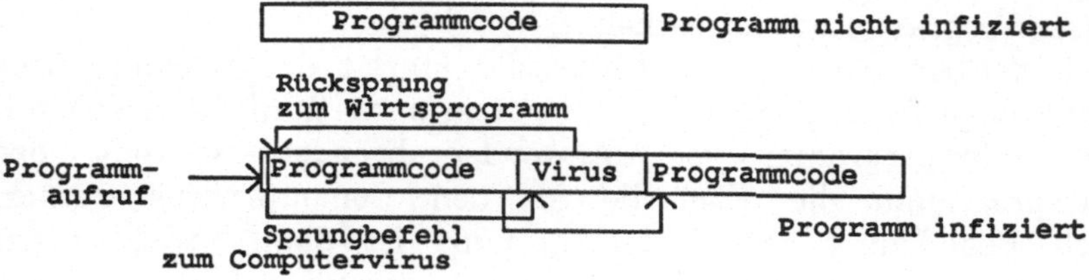

Abbildung 5: Einfügender Computervirus

Damit versucht der Computervirus, einer Entdeckung durch verschiedene Anti-Viren-Scanner zu entgehen. Einige Anti-Viren-Scanner suchen nur am Anfang und am Ende einer Datei nach einer Virusinfizierung, weil sie nur von vorhängenden oder anhängenden Computerviren ausgehen. Gute Anti-Viren-Scanner durchsuchen jedoch die Datei auf ihrer ganzen Länge.

3.8 Allgemeine Anmerkungen zu Computerviren

Auch wenn ein Computervirus nach der Abarbeitung seines Programmcodes die Kontrolle an sein Wirtsprogramm zurückgibt, muß man davon ausgehen, daß der Computervirus im Arbeitsspeicher nach wie vor vorhanden ist und weitere ausführbare Dateien zu infizieren versucht.

Solche im Hauptspeicher vorhandenen Computerviren nennt man auch "speicherresidente Computerviren". Bei den ersten drei Möglichkeiten der Viruscodeeinbindung in ein Wirtsprogramm wird die Wirtsdatei um den Betrag des Viruscodes vergrößert. Deshalb waren die ersten Computerviren so klein wie möglich programmiert, damit sie nicht so schnell durch die Vergrößerung der Wirtsdatei entdeckt werden konnten. Heute tarnen die Computerviren die Vergrößerung der Wirtsdatei, indem sie die ursprüngliche Dateigröße abspeichern und bei einem Abruf durch den Anwender (z.B. durch den DIR Befehl) die ursprüngliche Dateigröße wieder ausgeben. Nur bei der vierten Infizierungsmethode verändert sich die Größe der Wirtsdatei nicht. Jedesmal wenn ein Computervirus eine Datei infiziert, muß diese Datei in ihrer neuen, infizierten Form auf das Speichermedium zurückgeschrieben werden.
Dabei wird normalerweise nicht nur die neue Dateigröße auf dem Speichermedium vermerkt, sondern auch Datum und Uhrzeit des Abspeicherns. Moderne Computerviren speichern deshalb nicht nur die ursprüngliche Größe einer infizierten Datei, sondern auch das ursprüngliche Datum und die Uhrzeit. Folglich können diese Parameter bei etwas neueren und moderneren Computerviren nicht mehr zum Erkennen einer Infektion verwendet werden.

Viele speicherresidenten Computerviren können durch einen Warmstart (CTRL + ALT + DEL) nicht aus dem Arbeitsspeicher des Computers entfernt werden. Diese Computerviren fangen diese Tastenkombination ab und täuschen nur einen Warmstart vor. Um einen solchen Computervirus sicher aus dem Arbeitsspeicher zu entfernen, muß der RESET-Knopf gedrückt werden.

3.9 Allgemeine Funktionsweise eines Computervirus

Die allgemeine Funktionsweise eines Computervirus läßt sich in folgende Phasen unterteilen:

3.9.1 Aktivierung

Zum Beispiel durch den Aufruf und die Ausführung eines infizierten Anwenderprogramms oder durch Booten des Rechners mit einer infizierten Diskette oder Festplatte.

3.9.2 Weiterverbreitung

Der Computervirus sucht nach geeigneten ausführbaren Wirtsdateien und kopiert sich selbst in eine solche Datei.

3.9.3 Manipulation

Wenn eine bestimmte Bedingung erfüllt ist, wie z.B. das Erreichen eines bestimmtes Datums (z.B. 6. März Michelangelo-Virus), manipuliert oder zerstört der Virus Daten und Programme, spielt Lieder, läßt Buchstaben auf die unterste Bildschirmzeile fallen usw. Die Manipulation hängt von den Motiven des Virusprogrammierers ab.

4 Computerviren

Um sich vermehren zu können, muß der Computervirus dafür sorgen, daß sein Programmcode ausgeführt wird.

Da es verschiedene Möglichkeiten gibt, ein Programm oder einen Programmcode zu starten und auszuführen, gibt es auch entsprechend viele Möglichkeiten für einen Computervirus, aufgerufen zu werden. Wenn man nach Computerviren sucht, müssen alle diese Möglichkeiten in Betracht gezogen und überwacht werden. So muß ein Computervirus nicht notwendigerweise durch den Aufruf eines Programms gestartet werden.

Bei den Boot-Sektor-Viren wird z.B. der Computervirus durch den Bootvorgang eines Computers aufgerufen. Es hilft also nichts, wenn man in allen ausführbaren Dateien nach einem Computervirus sucht, wenn er sich auch im Boot-Sektor eines Speichermediums verstecken kann.

In diesem Kapitel möchte ich die verschiedenen Typen von Computerviren und ihre Eigenschaften vorstellen. Unter Eigenschaften versteht man, welche bestimmten Wirtsdateien ein Computervirus befällt, wie er sich vermehrt, wie er sich tarnt usw. Das Wissen über die Art der Computerviren ist besonders bei der Bekämpfung und Entfernung eines Computervirus wichtig. Es gilt zu beachten, daß viele Computerviren gleich mehrere in diesem Kapitel aufgezählten Eigenschaften in sich vereinen können!

4.1 Boot-Sektor-Viren

Wie schon in vorangegangenen Abschnitten kurz erwähnt, gibt es Computerviren, die bereits beim Booten des Computers die Kontrolle über das Rechnersystem übernehmen.

Diese Computerviren werden Boot-Sektor-Viren oder auch Boot-Sektor-Infektor genannt und machen sich eine Eigenart des Bootvorgangs zunutze: den INT 13h Aufruf von Zylinder 0, Spur 0,

Sektor 1 durch das BIOS. An dieser Stelle einer Festplatte steht das
Master-Boot-Record (MBR) oder bei einer Diskette der Boot-Sektor.
Dieser Virustyp kann, abhängig von seiner Programmierung, den
DOS-Boot-Sektor einer Diskette oder Festplatte oder das MBR einer
Festplatte infizieren.

Der Boot-Sektor-Virus macht nun bei einer Infektion des MBR oder
Boot-Sektors folgendes:
Er kopiert sich an die Stelle, wo sich normalerweise das MBR oder
der Boot-Sektor befindet. Die dort normalerweise gespeicherten
Daten werden von ihm aber nicht überschrieben und somit gelöscht.
Wäre das der Fall, wäre eine Festplatte nach einer solchen
Infektion nicht mehr bootfähig, und die Infizierung des Rechners
würde damit sofort entdeckt. Das tatsächliche MBR wird vom
Computervirus vorher an einen anderen Platz auf der Festplatte
kopiert. Wo dieser Platz ist, hängt vom jeweiligen Boot-Sektor-
Virustyp ab. Falls auf diesem Platz Daten gespeichert sind, werden
sie vom kopierten MBR einfach überschrieben und gehen verloren.
Die neue Stelle, an dem das MBR abgespeichert wurde, wird nun
vom Computervirus gespeichert. Erst nachdem das MBR kopiert
wurde, schreibt sich der Boot-Sektor-Virus an die Stelle des MBR.
Wenn ein Boot-Sektor-Virus im Arbeitsspeicher des Rechners
resident wird, geschieht dies in der Regel im Top of Memory Bereich.
Dadurch wird der Arbeitsspeicher für DOS reduziert, und bei
einigen Viren wird dann auf Computern mit 640kB Hauptspeicher
nur ein verfügbarer Hauptspeicher von 639kB oder weniger
angezeigt.

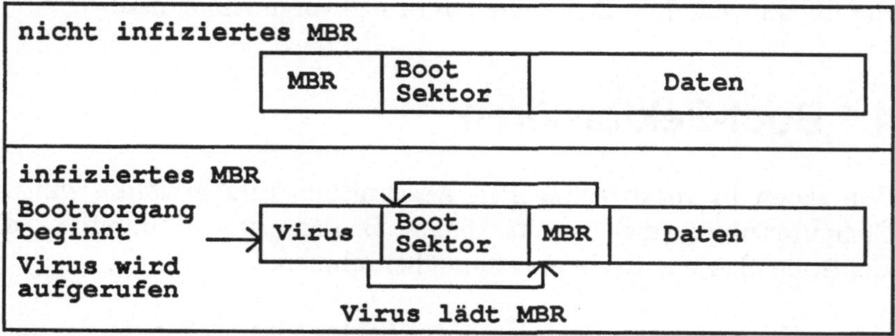

Abbildung 6: Funktionsweise eines Boot-Sektor-Virus

4.1.1 Booten mit einem Boot-Sektor-Virus und seine Auswirkungen

Der neue Bootvorgang eines Computers nach einer Infektion mit einem Boot-Sektor-Virus sieht nun wie folgt aus:

Nachdem man den Computer eingeschaltet hat, geht der Bootvorgang seinen im Kapitel "Booten des Computers" beschriebenen Gang. Bis zu der Stelle, an der das BIOS auf Zylinder 0, Spur 0, Sektor 1 zugreifen will. Denn an dieser Stelle erwartet das BIOS das MBR. Das BIOS lädt nun aber an dieser Stelle den Boot-Sektor-Virus. Dieser Virus wird nun im Arbeitsspeicher aktiv und damit er nicht auffällt, teilt der Virus nun dem BIOS mit, wo es das tatsächliche MBR findet. Erst dann wird vom BIOS das tatsächliche MBR geladen. Und von hier ab geht der Bootvorgang wieder seinen normalen Gang. Nur mit dem Unterschied, daß sich nun ein Computervirus resident im Arbeitsspeicher befindet.

Jedesmal wenn man nun eine neue Diskette in ein Laufwerk einlegt, und auf dieses Laufwerk (bzw. auf die Diskette) zugreift, wird der Boot-Sektor-Virus aktiv und infiziert die Diskette. Wird diese Diskette nun zu einem anderen Computer gebracht und von dieser Diskette aus der Computer gebootet, so wird auch die Festplatte von diesem Computer mit dem Boot-Sektor-Virus infiziert. Viele werden jetzt sagen "wann boote ich schon mal von Diskette". Meistens passieren solche Infektionen durch das Vergessen einer Diskette in Laufwerk A:. Man schaltet den Rechner ein und bekommt die Fehlermeldung, daß diese Diskette nicht bootfähig ist. Man stellt fest, daß man diese Diskette im Laufwerk vergessen hat, darüber hinaus kann sie gar nicht bootfähig sein, da sie lediglich ein paar Dateien und kein Betriebssystem enthält. Und trotzdem hat man sich durch dieses Vergessen einen Boot-Sektor-Virus eingefangen.
 Interessanterweise gibt es zur Zeit nur relativ wenige Boot-Sektor-Viren, die auch eine Diskette in Laufwerk B: infizieren. Viele Boot-Sektor-Viren sind nur auf Laufwerke mit der Bezeichnung A: oder C: programmiert, da es sich hier um die zwei Bootlaufwerke eines PC´s handelt. Das kann aber nicht zur Regel gemacht werden, da zu befürchten ist, daß sich diese Eigenschaft mit der Zeit auch ändern wird.

4.1.2 Das Entfernen eines Boot-Sektor-Virus

Leider kann ich hier nur einige allgemeine Angaben zur Entfernung
von solchen Boot-Sektor-Viren machen, da solche Angaben von Boot-
Sektor-Virus zu Boot-Sektor-Virus unterschiedlich sein können.
Zwar speichert sich ein Boot-Sektor-Virus immer an der gleichen
Stelle eines Datenträgers ab (nämlich im Boot-Sektor, Zylinder 0,
Spur 0, Sektor 1), aber es kopiert und speichert nicht jeder Boot-
Sektor-Virus das MBR an der gleichen Stelle eines Datenträgers.
Solche Dinge sind von den Programmierern der Viren abhängig.
Generell kann man folgende Vorgehensweise anwenden:

Man bootet den Rechner mit einer sauberen, nicht infizierten,
schreibgeschützten(!!!) Betriebssystemdiskette. Danach sucht man
mit einem entsprechenden Hilfsprogramm (wie z.B. PC Tools oder
Norton Advanced Utilities) nach dem MBR auf der Festplatte und
kopiert es an seinen angestammten Platz (Zylinder 0, Spur 0,
Sektor 1). Durch diese Aktion kann der Boot-Sektor-Virus überschrieben werden. Die Festplatte (bzw. der Datenträger) ist damit
wieder virenfrei.

Eine weitere Möglichkeit ist der Einsatz des Mirror Befehls der mit
MS-DOS 5.0 und PC Tools mitgeliefert wird. Mit diesem Mirror
Befehl kann man eine Kopie des Boot-Sektors und der Partition-
Table anfertigen, falls das System noch nicht infiziert ist. Sollte das
System infiziert werden, so kann man mit dem Mirror Befehl den
Boot-Sektor einfach durch eine nicht infizierte Kopie ersetzen.

Eine ähnliche Funktion wird auch von vielen guten Anti-Viren-
Programmen angeboten.

4.1.3 Der undokumentierte DOS-Befehl FDISK/MBR

Eine weitere Möglichkeit besteht bei der MS-DOS Version 5.0 mit
dem undokumentierten Befehl FDISK/MBR. Dieser Befehl schreibt
ein neues Master-Boot-Record an den von ihm angestammten Platz.
Es hat allerdings seine Gründe, warum dieser Befehl nicht in die
offizielle Dokumentation übernommen wurde.

4.1.4 Der SYS-Befehl zum Entfernen von Viren

Sollte der DOS-Boot-Sektor eines Datenträgers infiziert sein, so
kann man auch mit dem SYS-Befehl vom DOS den Virus
überschreiben. Ohne genaue Identifizierung des Boot-Sektor-Virus
oder ohne genaue Systemkenntnisse sollte man jedoch von einer
Entfernung des Boot-Sektor-Virus Abstand nehmen. In diesem Fall
sollte man unter allen Umständen einen Fachmann hinzuziehen.
Nachdem man eine Computervirusinfektion von einem Rechner
entfernt hat, sollte man auf gar keinen Fall vergessen, alle
Disketten auf eine Infizierung hin zu untersuchen!

4.1.5 Anti-Viren-Programme für Boot-Sektor-Viren

Man kann auch Anti-Viren-Programme (digitales Penizillin) zum
Entfernen des Boot-Sektor-Virus verwenden. Diese Programme
arbeiten in der Regel sehr gut und sind relativ einfach zu bedienen.
Diese Programme werden oftmals auch Desinfektor genannt.
Diese Desinfektor-Programme wissen, an welcher Stelle des
Datenträgers der Boot-Sektor-Virus das MBR abspeichert. Sie
überschreiben einfach den Boot-Sektor-Virus mit dem MBR, das sie
an dieser Stelle des Datenträgers finden.

4.1.6 Doppelte Infektion des Boot-Sektors

Hier handelt es sich um eine sehr unwahrscheinlich klingende
Möglichkeit, die in der Praxis jedoch häufiger aufgetreten ist.

Ein gut programmierter Computervirus überprüft immer, ob er den
Wirt (MBR oder Datei) bereits infiziert hat. In der Praxis passierte
es aber sehr häufig, daß ein Datenträger erst von einem
Michelangelo-Virus infiziert wurde und etwas später auch noch von
einem Stoned-Virus (oder auch umgekehrt). Der Michelangelo-Virus
und der Stoned-Virus haben beide eines gemeinsam:

**Sie speichern das MBR an der gleichen Stelle des
Datenträgers.**

Bei einer doppelten Infektion hat dies zur Folge, daß das MBR
verlorengeht.

Der erste Boot-Sektor-Virus (z.B. Michelangelo-Virus) kopiert sich
an die Stelle, wo sich normalerweise das MBR oder der Boot-Sektor
befindet. Das tatsächliche MBR wird vom Computervirus vorher an
einen anderen Platz auf der Festplatte kopiert. Die neue Stelle, an
der das MBR abgespeichert wurde, wird nun vom Computervirus
gespeichert. Erst nachdem das MBR kopiert wurde, schreibt sich der
Boot-Sektor-Virus an die Stelle des MBR. Wird nun der zweite Boot-
Sektor-Virus aktiv (z.B. Stoned-Virus), kopiert auch er zuerst das
(vermeintliche) MBR an einen bestimmten Platz auf der Festplatte.
Doch tatsächlich hat der Stoned-Virus den Michelangelo-Virus an
die Stelle kopiert, an der Michelangelo-Virus das MBR abgespeichert
hatte. Da bei diesem Vorgang das MBR überschrieben wird, kann
z.B. kein Desinfektor-Programm mehr eingesetzt werden. Ein solchermaßen infiziertes Computersystem kann auch nicht mehr von der
Festplatte aus gebootet werden.

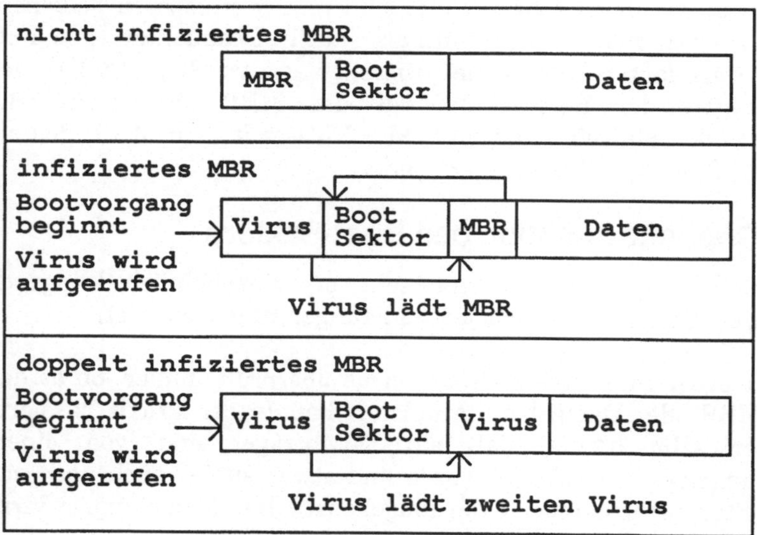

*Abbildung 7: Funktionsweise einer doppelten Infektion durch einen Boot-
Sektor-Virus*

4.2 Verschlüsselnde Viren

Computerviren, die ihren Programmcode verschlüsseln, gibt es
schon seit längerer Zeit. Dabei wurde zu dem Viruscode noch eine
Verschlüsselungsroutine programmiert, die den Viruscode mit jedem
Vermehren aufs neue verschlüsselte. Konnten String-Scanner zwar
nicht nach dem Viruscode suchen, da dieser ständig neu
verschlüsselt wurde, suchte man später einfach nach der
Verschlüsselungsroutine, die in jedem Viruscode enthalten war, und
die nicht verschlüsselt wurde.

4.3 Polymorphe Viren

Polymorphe Viren sind so ziemlich das Modernste auf dem Gebiet
der Computerviren und gleichzeitig auch die am schwersten zu
findende Computervirenart. Bei polymorphen Computerviren
handelt es sich ebenfalls um einen Virustyp, der Dateien infiziert.
Die Besonderheit dieses Virustyps besteht in einer variablen
Verschlüsselung des Computervirus nach jedem Vermehren und
seiner eingebauten Verschlüsselungsroutine. Und diese
Verschlüsselung ist es wert, etwas genauer betrachtet zu werden.

4.3.1 Verschlüsselung von polymorphen Viren

Bisher war die Computervirenwelt noch relativ einfach. Ein Virus
bestand aus einem selbstvermehrenden Segment von ausführbarem
Computercode. Dies bedeutete, daß der Virus, wenn er sich
vermehrte, von sich selbst eine identische Kopie anfertigte und
damit eine andere Datei infizierte. Die Programmierer von Anti-
Virus-Programmen gingen bis jetzt wie folgt vor:

Wenn sie einen neuen Virus auf den Tisch bekamen, wurde dieser
sorgfältig analysiert und dekompiliert. Dann suchten die Forscher
nach einem Stück Computercode, der nur für diesen Computervirus
typisch war. Nachdem die Forscher diesen sogenannten HEX-String
entdeckt hatten, wurde dieser HEX-String in das Anti-Viren-
Programm eingebunden. Das Anti-Viren-Programm machte dann
nichts anderes, als alle ausführbaren Dateien auf einem Datenträger mit der eigenen Datenbank, voll mit HEX-Strings von

Computerviren zu vergleichen. Wurde nun eine ausführbare Datei auf einem Datenträger gefunden, welche einen mit einem Computervirus identischen HEX-String beinhaltete, ging das Anti-Viren-Programm davon aus, daß diese Datei von einem Computervirus infiziert ist und gab Alarm. Doch bei polymorphen Viren funktioniert diese Sache jetzt etwas anders. So brachte ein in Fachkreisen schon zu traurigem "Ruhm" gekommener bulgarischer Virenprogrammierer mit dem selbstgewählten Namen "Dark Avenger" eine Art Zusatzprogramm für Computerviren auf den "Markt", mit dem man seine selbstprogrammierten Computerviren noch veredeln kann. Dieses Zusatzprogramm wird Mutating Engine genannt und MtE (oder DAME für Dark Avengers Mutating Engine) abgekürzt. Diese MtE wird beim Programmieren des Computervirus an den Computervirus mit angebunden und hat dann folgenden Effekt:

4.3.2 Die Mutating Engine

Wenn der Computervirus sich vermehrt, wird diese Kopie dank der MtE so verschlüsselt, daß diese Kopie mit dem Ausgangscode nichts mehr gemein hat außer der Funktion. Dies bedeutet, daß jede Kopie des Computervirus seine eigentliche Aufgabe und Funktion beibehält, aber jede Kopie anders aussieht. Jede Kopie "mutiert" sozusagen. Um es der Anti-Viren-Welt noch schwerer zu machen, verschlüsselt die MtE nicht nur den Computervirus von Kopie zu Kopie neu, sondern auch sich selbst in jeder Kopie des Computervirus. Man kann also weder nach dem Computervirus als HEX-String suchen noch nach der MtE als HEX-String. Und die MtE wurde so programmiert, daß sie mehrere MILLIARDEN!!! Verschlüsselungsmöglichkeiten hat.

Auch die Entschlüsselungsroutine wird jedes Mal aufs neue so verschlüsselt, daß sie ihre eigentliche Funktion beibehält, aber nach jeder Kopie anders aussieht. Hinterher ist also der neue Virus in keinem Byte seinem Vorgänger ähnlich. Man hat also einen neuen, mutierten Virus. Mittlerweile gibt es aber Verfahren, um einen MtE verschlüsselten Virus sehr sicher zu entdecken. So wurde unlängst ein algorithmisches Verfahren entwickelt, um jeden MtE verschlüsselten Virus zu entschlüsseln. Damit ist dann eine genaue Identifikation des Computervirus möglich.

4.3.3 Trident Polymorphic Engine

Die Trident Polymorphic Engine (kurz TPE genannt) ist eine neuere
Verschlüsselungsroutine als die MtE. Die TPE geht wie folgt vor:

Zuerst verschlüsselt die TPE den Original Viruscode. Mit jedem
Aufruf der TPE wird auf eine andere Art und Weise verschlüsselt.
Als zweites wird eine Entschlüsselungsroutine für den
verschlüsselten Viruscode generiert. Der verschlüsselte Viruscode
wird dann an die Entschlüsselungsroutine hinten angehängt.
Die Entschlüsselungsroutine ist gerade einige hundert Byte groß.
Die Trident Polymorphic Engine ist etwas kleiner als die Mutating
Engine.

4.3.4 Aufspüren von polymorphen Viren

Es gibt zwar Ansätze, das Problem der variabel verschlüsselnden
Computerviren zu lösen, wie z.B. der Heuristic Scan in dem
Anti-Viren-Programm F-PROT von Fridrik Skulason aus Island,
aber diese Verfahren sind noch relativ neu und noch nicht sehr
zuverlässig in bezug auf Falschmeldungen und das tatsächliche
Entdecken von infizierten Files.

Bei diesem neuen Verfahren wird nicht mehr nach festen HEX-
Strings gescannt, sondern das Scanner-Programm untersucht die
Datei auf gewisse Techniken hin, die z.B. der MtE zugeordnet
werden können, oder auf Programmcode, der einen direkten
Festplattenzugriff erlaubt (INT 13h), ein Programm, welches sich
selbst im Speicher hin- und herverschieben kann usw. So können
z.B. Dateien von Tools und Utility Programmen, die diese
Funktionen zu Reparaturzwecken haben, ebenfalls als infiziert
angezeigt werden, obwohl keine Infizierung vorliegt. Vielfach
geschieht dies mit der Datei FORMAT.COM, die mit DOS
mitgeliefert wird. Hierbei kommen gleich mehrere Faktoren
zusammen. FORMAT.COM kann direkt auf ein Speichermedium
zugreifen und auf Sektoren schreiben und greift auf ein
undokumentiertes Feature von DOS zurück.

4.4 Einfache Viren

Zu den primitiven Viren kann man in der Regel die Viren zählen, die nicht speicherresident im Arbeitsspeicher vorhanden sind, um sich zu vermehren. So sind dies überwiegend Computerviren mit sehr kurzem oder kompaktem Programmcode.

Diese Viren verbreiten sich nur, wenn ihr infiziertes Wirtsprogramm aufgerufen wird. Sie infizieren dann ein oder mehrere Files, geben die Kontrolle komplett an das Wirtsprogramm zurück und bleiben nicht länger im Arbeitsspeicher bestehen. Die Auffälligkeit dieser Viren ist der ungewöhnlich lange Schreib-/Lesezugriff auf die Festplatte oder die Diskette beim Laden des Wirtsprogramms. In diesen Bereich fallen auch Computerviren, die nur in ihrem eigenen Verzeichnis Programme infizieren können. Dieser Virustyp kann kein Verzeichniswechsel vornehmen.

In der Regel handelt es sich hier um Computerviren, die entweder von einem Anfänger geschrieben wurden, oder um schon etwas ältere Exemplare ihrer Gattung.

4.5 Speicherresidente Viren

Hierbei handelt es sich um einen Computervirus, der sich, wenn er erst einmal durch sein Wirtsprogramm aufgerufen wurde, im Arbeitsspeicher fest einnistet. Auch wenn sein Wirtsprogramm vom Anwender wieder beendet wird, bleibt der Computervirus im Arbeitsspeicher vorhanden. Man spricht hier auch von TSR-Viren (Terminate and Stay Resident).

Ein speicherresidenter Computervirus muß allerdings die Hard- und Software-Interrupts des Rechnersystems beherrschen und ausnutzen, um sich resident im Arbeitsspeicher verankern zu können. Er wird erst durch das Ausschalten des Computers aus dem Arbeitsspeicher entfernt. Bei einigen Computerviren dieser Gattung reicht auch kein Warmstart (CTRL + ALT + DEL) aus, um sie aus dem Speicher zu entfernen. Der Rechner muß entweder ganz ausgeschaltet werden, oder durch den RESET-Knopf neu gestartet werden.

Nachdem dieser Virus im Arbeitsspeicher resident geworden ist, infiziert er immer nur dann ein ausführbares File, wenn ein neues Programm vom Anwender aufgerufen wird. Dabei infiziert er meistens das aufgerufene File. Da zu diesem Zeitpunkt vom Anwender sowieso ein Zugriff auf die Festplatte erwartet wird (wegen des Programmaufrufs), fällt der Schreibzugriff des Computervirus beim Infizieren des Programmfiles einem Anwender nicht weiter auf, da es zu keinen nennenswerten zeitlichen Verschiebungen kommt. Im Falle der speicherresidenten Computerviren reicht es auch nicht, das infizierte File zu reparieren oder gegen ein sauberes File von einem Backup zu ersetzen. Der speicherresidente Computervirus muß erst aus dem Arbeitsspeicher entfernt werden. Das erreicht man, indem man den Rechner mit einer sauberen, nicht infizierten, schreibgeschützten(!!!) Systemdiskette neu bootet.

4.5.1 Speicherresidente Viren aus dem Arbeitsspeicher entfernen

Viele speicherresidente Computerviren können durch einen Warmstart (CTRL + ALT + DEL) nicht aus dem Arbeitsspeicher des Computers entfernt werden.

Solche speicherresidenten Computerviren fangen den INT 9h (Tastatur Interrupt) ab und warten dabei u.a. auf die Tastenkombination CTRL + ALT + DEL. Wird vom Anwender diese Tastenkombination gedrückt, fängt der Computervirus diese Tastenkombination ab (sie wird nicht ausgeführt). Jetzt muß der Computervirus einen Warmstart durchführen, ohne dabei aus dem Arbeitsspeicher entfernt zu werden. Der Computervirus wird zuerst ein CLS (Clear Screen = Bildschirminhalt löschen) machen. Dann löst er INT 19h aus. Dieser Interrupt bootet den Computer neu, ohne den Speicherinhalt zu löschen. Deshalb wird der speicherresidente Computervirus beim Warmstart nicht im Arbeitsspeicher zerstört. Um einen solchen Computervirus sicher aus dem Arbeitsspeicher zu entfernen, muß der RESET-Knopf gedrückt werden oder der Computer aus- und nach einer Weile wieder eingeschaltet werden.

Welche Meldungen bei einem Warmstart auf dem Bildschirm erscheinen ist abhängig vom BIOS, welches auf der Computerplatine verwendet wird. Bei einigen BIOS-Typen kann deshalb bei einem Warmstart festgestellt werden, ob ein speicherresidenter Virus vorhanden ist oder nicht. Da der speicherresidente Computervirus den normalen Warmstart etwas verändert, fehlen bei einigen BIOS-Typen dann einige Meldungen auf dem Bildschirm, die bei einem Warmstart ohne speicherresidenten Computervirus normalerweise angezeigt werden. So gibt es einige BIOS-Typen, die auch bei einem Warmstart den vorhandenen Arbeitsspeicher (RAM) testen und auf dem Bildschirm sichtbar durchzählen. Diese Meldung wird von einem speicherresidenten Computervirus verhindert, weil er bei diesem Vorgang automatisch aus dem Arbeitsspeicher entfernt werden würde. Wer also den BIOS-Bootvorgang seines Computers bei einem Warmstart genau kennt, dem fällt auch auf, ob etwas an dem Warmstart verändert wurde. Solche Veränderungen an einem Warmstart sind in der Regel auf einen Computervirus zurückzuführen.
Es gibt einige speicherresidente Anti-Viren-Scanner, die ebenfalls den Warmstart CTRL + ALT + DEL verhindern. Dies geschieht in der Regel aber mit der Meldung, daß ein RESET durchgeführt werden soll.

4.6 Stealth-Viren

Auch diese Sorte von Computerviren ist relativ neu und technologisch bereits sehr weit fortgeschritten. Stealth-Viren verfügen, wie der Name im Englischen bereits sagt, über Tarnmechanismen, die ihr Vorhandensein im Arbeitsspeicher und in einem infizierten File verschleiern.

Bei einem Stealth-Virus handelt es sich meistens um einen speicherresidenten Computervirus. Stealth-Viren verfügen über die Möglichkeit, dem Anwender vorzugaukeln, auf seinem Rechner sei alles in Ordnung. Will sich der Anwender den Inhalt einer infizierten Datei mit einer entsprechenden Utility ansehen, so sorgt der Stealth-

Virus dafür, daß der Anwender den gleichen Inhalt zu sehen bekommt, der auch in einem nicht infizierten File vorhanden ist. Für den Anwender ist es nicht möglich, ein infiziertes File von einem Originalfile zu unterscheiden. Auch viele Checksummen Programme können keinerlei Veränderungen feststellen, da ein Stealth-Virus Zugriffe auf von ihm befallene Dateien registriert und jedem Programm, das auf eine infizierte Datei zugreifen will, eine nicht infizierte Datei vorgaukelt.

Jedesmal wenn eine infizierte Datei geöffnet wird, wird sie vom speicherresidenten Stealth-Virus erst desinfiziert und dann geöffnet. Wird die geöffnete Datei geschlossen, wird sie wieder infiziert. Das gleiche gilt für den Arbeitsspeicher eines Computers. Auch hier gibt der Computervirus für den Anwender unverdächtige Speicherbelegungen aus. Ein Stealth-Virus verfügt sozusagen über die berühmte Tarnkappe. Da diese Tarnkappe aber einen erheblichen Aufwand an Manipulationen in der internen Speicher- und Dateiorganisation eines Computers bedeutet, kommt es öfter zu vom Virus ungewollten Nebeneffekten. So kann der DOS-Befehl CHKDSK sehr viele Lost Clusters auf einer Festplatte melden, oder er stellt fest, daß die Länge von Dateien nicht mehr korrekt ist.

4.7 COM- und EXE-Datei Viren

COM- und EXE-Files sind die zwei File Formate, die direkt durch Aufruf über die Tastatur oder durch Aufruf über ein Batch File ausgeführt werden können. Da sich beide File Formate aber voneinander im Aufbau unterscheiden, gibt es dementsprechend auch unterschiedliche Computerviren für die Fileformate. Trotzdem sind Computerviren, die beide Fileformate infizieren können bereits jetzt existent und werden in Zukunft eine noch größere Rolle spielen. Erst wenn sich ein Computervirus in eine solche ausführbare Datei eingebunden hat, kann er durch den Aufruf einer solchen Datei auch mit ausgeführt werden. So galt es über lange Zeit als einfacher, einen COM-infizierenden Virus zu programmieren als einen EXE-infizierenden Virus. Das lag einfach daran, daß der Aufbau des EXE-Files und die Belegung im Arbeitsspeicher eines Computers bei einem EXE-File wesentlich komplexer ist als bei einem COM-File. Viele Computerviren achten auch nicht mehr auf die Endung der

ausführbaren Datei. Ob es sich um eine COM- oder EXE-Datei
handelt, erkennen viele Computerviren an den ersten zwei Byte
dieser ausführbaren Dateien. In diesen ersten zwei Byte ist nämlich
die Art der ausführbaren Datei gespeichert.

4.8 Vorhängende COM-Datei Viren

Wenn sich ein Computervirus vor eine bestehende COM-Datei
schreiben will, fertigt er einfach eine Kopie der COM-Datei an und
hängt sich diese COM-Datei selbst hinten an. Die neue COM-Datei
besteht nun vorne aus dem Computervirus und dem hinter-
geschalteten Anwenderprogramm. Dadurch wird beim Aufruf der
COM-Datei der Computervirus zuerst ausgeführt, ohne daß der
Computervirus irgendwelche Sprungbefehle in die COM-Datei
einbinden muß. Anschließend übergibt der Computervirus die
Kontrolle an das Anwenderprogramm

4.9 EXE-Datei Viren

Ein Computervirus, der EXE-Dateien infiziert, kann sich sowohl vor
dem Wirtsfile als auch hinter dem Wirtsfile einfügen. Fügt sich ein
Computervirus am Ende eines EXE-Files ein, so muß der
Computervirus den EXE Programm Header abändern. In diesem
EXE Programm Header müssen dann Angaben wie z.B. die neue
Filelänge eingetragen werden. Fügt sich ein Computervirus vor dem
EXE-Programmcode ein, wird die Sache etwas komplizierter.
Er muß jetzt nicht nur den EXE Programm Header abändern,
sondern auch noch das Relocation Table des EXE-Files, um auf den
verschobenen Anfang des Programmcodes zu deuten.

4.10 Hybrid-Viren

Ein Hybrid-Virus (auch Multipartite-Virus genannt) ist sowohl ein
Boot-Sektor-Virus als auch ein Datei-Virus in einem Computervirus
zusammengefaßt. Die Gefährlichkeit liegt darin, daß bei Entdeckung
und Entfernung nur einer Art der Infizierung der Virus immer noch

auf dem Datenträger vorhanden ist und sofort zu einer Reinfektion führt. D.h. wenn man den Boot-Sektor-Virus findet und entfernt, so wird der Boot-Sektor bei dem nächsten Aufruf eines infizierten Programms wieder infiziert. Umgekehrt bedeutet dies, daß der Computervirus spätestens beim nächsten Booten des Computers wieder aktiv wird und die Programmfiles neu infiziert wenn man alle infizierten Programmfiles entdeckt und durch eine Sicherungskopie wieder neu auf den Rechner einspielt.

Diese Hybrid-Viren fangen sowohl den INT 13h (BIOS Zugriff auf die Festplatte) ab als auch den INT 21h (DOS Service). Der INT 13h ermöglicht dem Virus, direkt auf die einzelnen Sektoren einer Festplatte zuzugreifen, unter Umgehung der DOS-Befehlsebene und dessen logischen Dateien in hierarchisch aufgebauten Verzeichnissen (Directories). Und der INT 21h ermöglicht es dem Computervirus, sich im Arbeitsspeicher des Rechners zu halten, ohne durch Speicherneuverteilungen des Betriebssystems im Arbeitsspeicher gelöscht zu werden.

4.11 SYS-Datei Viren

Es gibt auch Computerviren, die SYS-Files infizieren. Das Hauptziel solcher Computerviren sind die beiden DOS-Systemdateien IO.SYS und MSDOS.SYS. Doch meistens werden auch andere SYS-Dateien infiziert. Bei dieser Art von Computerviren handelt es sich zumindest jetzt noch um eine wenig verbreitete Art.

4.12 Companion Viren

Ein Companion Virus infiziert und verändert keine anderen ausführbaren Dateien, sondern er erzeugt eine neue, ausführbare Datei. Diese neue Datei wird dann anstelle des gewünschten Programms ausgeführt, ohne daß der Anwender etwas davon merkt. Danach ruft diese neu erzeugte Datei das gewünschte Anwenderprogramm auf. Bisher wurde das dadurch erreicht, daß in einem Unterverzeichnis mit einer EXE-Datei eine gleichnamige, versteckte (Hidden Attribut) und infizierte COM-Datei erzeugt wurde. Wenn man nun das gewünschte Anwenderprogramm aufruft, wird zuerst von COMMAND.COM die infizierte COM-Datei vor der EXE-Datei ausgeführt. Da bei dieser Technik die eigentliche EXE-Wirtsdatei nicht verändert wird, können Integrity Checker, die nur nach Veränderungen in Dateien suchen, keine Infizierung feststellen. Beim Einsatz von Integrity Checkern ist deshalb darauf zu achten, daß der verwendete Integrity Checker auch nach gleichnamigen ausführbaren Dateien sucht und diese dem Anwender anzeigt.

4.13 FAT-Viren

Ein FAT-Virus (FAT = File Allocation Table) manipuliert die Directory Einträge in einem FAT. Wenn ein FAT-Virus ausgeführt wird, nistet er sich resident im Arbeitsspeicher des Computers ein. Dies kann sogar als Bestandteil eines Betriebssystems geschehen. Dadurch wird der FAT-Virus nicht als neues TSR-Programm in der TSR-Liste aufgelistet und hinterläßt beim Aufruf der TSR-Liste keine verräterische Spur. Als nächstes schreibt sich der FAT-Virus auf eine freie Stelle auf der Festplatte und fängt dann an, nach und nach alle FAT-Einträge zu verschlüsseln und in einer eigens von ihm angelegten zweiten FAT abzuspeichern. Den Eintrag in der Original FAT lenkt er auf sich selbst um. Solange der FAT-Virus im Hauptspeicher resident ist, sehen alle Verzeichniseinträge völlig normal aus. Erst wenn man von einer nichtinfizierten Diskette aus den Rechner bootet, sieht man die Veränderungen an den Verzeichniseinträgen einer Festplatte. So können z.B. alle ausführbaren Dateien eine Größe von (nur noch) 1024 Byte haben. Wird CHKDSK aufgerufen, bekommt man diese Dateien als "Crosslinked Files" gemeldet und es werden sehr viele "Lost Cluster" gefunden.

4.13.1 Aufruf eines FAT-Virus

Wird von einem Anwender ein Programm aufgerufen, schaut DOS erst in dem FAT nach, wo dieses Programm zu finden ist. Da sich an dieser Stelle aber der FAT-Virus eingetragen hat, wird erst der FAT-Virus aufgerufen, der dann wiederum in seiner eigenen FAT nachschaut, wo das gewünschte Programm zu finden ist. Erst dann ruft der FAT Virus das vom Anwender gewünschte Programm auf.

4.14 Fast-Infector-Viren

Sogenannte Fast-Infector-Viren (Fast Infector, engl. = schnell infizierend) können verschiedene, in diesem Kapitel bereits aufgezählte Eigenschaften haben. Ein Fast-Infector-Virus ist keine im eigentlichen Sinne eigenständige Virenart, sondern hierbei bezieht sich die Namensgebung mehr auf die Art und die dabei entstehende Geschwindigkeit, mit der der Computervirus Wirtsdateien befällt. Fast-Infector-Viren sind speicherresidente Viren, die eine Datei befallen, wenn auf die Datei zugegriffen wird (z.B. wenn eine Datei geöffnet oder kopiert wird). Problematisch wird es beim Einsatz von Scannern, wenn ein solcher Virus im Speicher vorhanden ist. Da ein Scanner jede ausführbare Datei öffnet, um in ihr nach Computerviren zu suchen, kann ein Fast-Infector-Virus auf diese Art und Weise innerhalb weniger Minuten eine ganze Festplatte verseuchen. Aus diesem Grund wird immer wieder geraten, von einer schreibgeschützten, nichtinfizierten Diskette aus den Computer zu booten bevor man ein Anti-Virus-Programm einsetzt. Durch dieses Booten wird der Computervirus aus dem Arbeitsspeicher des Rechners entfernt.

4.15 Tunnelnde Viren

Ein tunnelnder Virus wendet eine Technik an die es ihm ermöglicht, viele speicherresidente Monitorprogramme zu umgehen. Da diese Monitorprogramme dafür da sind Virenaktivitäten festzustellen und an den Anwender zu melden, besteht hier die Gefahr, daß der Anwender sich in einer trügerischen Sicherheit währt, wenn er solche speicherresidenten Monitorprogramme einsetzt. Monitorprogramme überwachen meistens die Interrupts und warten darauf, daß ein Interrupt von einem Programm (oder Virus) aufgerufen wird. Ein tunnelnder Virus sucht nun im BIOS nach dem Anfang des Interrupthandlers. Wenn er den Original-Interrupthandler gefunden hat, ruft er diese Adresse direkt auf. Das Monitorprogramm wird dadurch umgangen und kann keinen Alarm geben. Das Suchen nach dem Interrupthandler nennt man auch "Interrupt Tracing". Nur wenige der speicherresidenten Monitorprogramme können durch die Anwendung gewisser Techniken ein Interrupt Tracing verhindern.

4.16 Windows Viren

Der erste (und bis jetzt einzige) Computervirus, der auch ausführbare Dateien von Windows infiziert, ist im Oktober 1992 in Holland entdeckt worden. Dieser Computervirus sucht in den ausführbaren Dateien nach dem "NE" für "New Executable Marker". Danach führt der Computervirus noch diverse andere Checks durch, bevor er die Datei infiziert. Die Programmierung des Computervirus ist relativ schlecht, und der Programmierer hat einige (im negativen Sinne) Möglichkeiten, die ihm Windows bietet außer acht gelassen. Für die Zukunft muß aber mit besseren Viren gerechnet werden.

4.17 OS/2 Viren

Zur Zeit sind noch keine Computerviren bekannt, die speziell für das Betriebssystem OS/2 geschrieben wurden. Der Grund für diese Tatsache ist, daß es im Moment noch zu wenige verfügbare Informationen über OS/2 gibt, wie man solche Programmcodes erstellt. Mit einer zunehmenden Bücherflut zum Thema OS/2 kann dann auch mit den ersten Computerviren gerechnet werden. Allerdings gibt es bereits Raubkopien von OS/2, die DOS Computerviren enthalten. Hierbei wurden die Disketten wahrscheinlich auf einem infizierten DOS-Rechner kopiert.

4.18 VCL Virus Creation Laboratory

Bei VCL (Virus Creation Laboratory, engl. = Virusbaukasten) handelt es sich nicht um einen Computervirus, sondern um ein Programm, das auch dem einfachen Computeranwender ohne Programmierkenntnisse die Möglichkeit gibt, einen Computervirus zu erstellen. Der Anwender kann mit VCL einen Virus erstellen, indem er einfach die gewünschten Bedingungen in den Menüs von VCL anwählt. So z.B. was der Computervirus alles können soll, wie er sich verhalten soll und welche Techniken er anwenden soll. VCL wurde Mitte 1992 über verschiedene Mailboxen vertrieben. Die Computerviren, die man mit VCL erstellen kann, sind noch verhältnismäßig einfach und stellen z.Zt. keine größere Gefahr mehr dar. Es sind bereits einige Anti-Viren-Programme auf dem Markt, die von VCL erstellte Viren mit sehr hoher Genauigkeit finden. Allerdings wurde von dem Autor (er nennt sich selbst Nowhere Man) von VCL bereits eine erweiterte Version (Update) in Aussicht gestellt. Es sind außer VCL noch andere Virenbaukästen bekannt.

5 Theoretisch denkbare Computerviren

Diese theoretisch denkbaren Computerviren sind entweder noch nicht programmiert worden oder einfach unsinnig in der Praxis anzuwenden. Ich werde in diesem Abschnitt nur sehr grob auf solche Viren eingehen, da ich niemanden auf dumme Gedanken bringen möchte. Die wirklich "guten" Ideen schreibe ich nicht in diesem Buch nieder.

5.1 Batch Viren

Da eine Batch Sprache eine Programmiersprache darstellt, könnte man in dieser Sprache auch einen Computervirus schreiben bzw. programmieren. Diese Art von Computerviren wäre allerdings sehr groß und plump. Außerdem bietet eine Batch Sprache in der Regel eine nicht so große Auswahl an Befehlen wie z.B. eine Hochsprache. Dennoch sollte man sie nicht außer acht lassen. So gibt es einige Anwenderprogramme, die eine eigene Batch Sprache haben, um damit besser auf die Belange des Anwenders angepaßt werden zu können. So wäre es zumindest theoretisch denkbar, daß in einer solchen Batch Sprache ein Virus für ein bestimmtes Anwenderprogramm programmiert wird. Bei einigen Anwenderprogrammen spricht man auch von einer Makro Sprache. Effizient wäre diese Art der Programmierung allerdings nicht. Sie wäre jedoch im Rahmen einer Sabotage in einem Unternehmen durchaus denkbar, obwohl es bessere Mittel und Wege gibt.

5.2 Komponenten Viren

Bei Komponenten Viren würde die Funktionsweise wie folgt aussehen. Der Computervirus besteht aus zwei oder mehreren Teilen (der Einfachheit halber bleibe ich bei der folgenden Beschreibung bei zwei Teilen). Jeder dieser beiden Teile verfügt über die Möglichkeit, sich selbst zu vermehren, doch keiner der beiden Teile für sich alleine gesehen verfügt über die Möglichkeit einen Schaden anzurichten (Payload).

Erst wenn beide Computerviren auf einem Rechner zusammenkommen, kann die Routine, die einen Schaden anrichten soll, ausgelöst werden. So kann die Schadensroutine z.B. zu gleichen Teilen auf den ersten und zweiten Teil aufgeteilt werden, und erst wenn beide Viren zusammentreffen, kann die Schadensroutine funktionsfähig zusammengesetzt werden.

Denkbar wäre nun folgendes Szenario. Der erste Teil dieses Computervirus wird in anderen Computern ausgesetzt, um sich auf andere Computer zu verbreiten. Diesem ersten Teil gibt man z.B. 4 Wochen Vorsprung zum Verbreiten. Nach diesen 4 Wochen wird der zweite Teil des Computervirus freigesetzt. Dieser zweite Teil überprüft bei jedem Vermehren nun erst, ob der erste Teil bereits in der Wirtsdatei vorhanden ist. Ist er vorhanden, wird er aufgerufen, die Schadensroutine wird zusammengesetzt und ausgelöst. Ist der erste Teil nicht vorhanden, vermehrt sich der zweite Teil bis irgendwann das System vom ersten Teil infiziert wird. Man kann davon ausgehen, daß diese Art von Computervirus nicht sehr effizient ist.

5.3 Update Viren

Ein Update Virus funktioniert ähnlich wie ein Komponenten Virus. Der Virusautor setzt seinen Computervirus in anderen Computern aus, damit sich der Virus vermehrt und andere Computer infiziert. Dieser ausgesetzte Virus verfügt aber in diesem Fall über eine komplett integrierte Schadensroutine. Nach einer gewissen Zeit hat der Virusautor diverse Fehler in seinem ersten Computervirus entdeckt und behoben. Er schickt nun einen zweiten Computervirus, um seinen ersten Computervirus zu korrigieren (Update). Auch diese Möglichkeit macht für einen Virusautor eigentlich keinen Sinn. Diese Technik könnte aber in etwas abgewandelter Form von Herstellern kommerzieller Software angewendet werden, um bei Kunden nach updatefähiger Software zu suchen und das Update gleich durchzuführen. Allerdings ist auch dies sehr unwahrscheinlich, da hier doch einige moralische und auch rechtliche Bedenken bestehen.

6 Verhalten und Auswirkungen von Computerviren

Wenn man das Verhalten von Computeranwendern analysiert, merkt man, daß sich viele Anwender nie Gedanken über das Verhalten und über die Auswirkungen von Computerviren gemacht haben. Der arglose, alltägliche Umgang mit dem Computer birgt Gefahren, die man durch ein wenig Mitarbeit und durch Information minimieren kann.

6.1 Wodurch kann ein Computervirus ausgelöst werden ?

Viele Computerviren haben nicht nur die Aufgabe sich zu vermehren, sondern sie sollen auch Schaden anrichten.

Wenn man also von dem "Auslösen" eines Computervirus spricht, meint man damit nicht den Aufruf eines Virus und das damit verbundene Vermehren des Computervirus. Man meint damit vielmehr das Auslösen einer im Computervirus einprogrammierten Routine, die irgendwelche verändernden oder zerstörenden Aufgaben zu verrichten hat.

Die Bedingung zum Auslösen einer solchen Payload hängt (logischerweise) vom Virusprogrammierer ab. So kann z.B. ein bestimmtes Datum einen Auslösefaktor darstellen. Ein sehr beliebtes (und fast schon einfallsloses) Datum ist z.B. Freitag der 13. oder Donnerstag der 12. oder für ganz Kluge, die einfach die Systemuhr um einen Tag vorstellen, wenn ein solches Datum vor der Tür steht, kann es auch Samstag der 14. sein. Es kann aber auch der Geburtstag des Virusprogrammierers sein, der Geburtstag einer berühmten Persönlichkeit (z.B. Michelangelo, 6. März) oder Weihnachten, der 1. April, Haloween oder wie in einem sehr optimistischen Fall, der 01.01.2000 oder irgendein anderes Datum, das dem Programmierer gefällt.

Vom Programmierer können aber auch noch andere Triggerbedingungen einprogrammiert werden. Da wären zu nennen der x-te Aufruf eines Programms, eine gewisse Uhrzeit, das x-te Booten des Computers, der x-te Schreibzugriff auf die Festplatte, das x-te Vermehren des Virus, oder x Tage nach der Verbreitung des Virus oder die Eingabe eines bestimmten Wortes.

Eine ebenfalls denkbare und sehr interessante Variante wäre ein Computervirus, der sich zwar vermehrt und andere Files infiziert, der aber ein zweites Virusfile benötigt, um ausgelöst zu werden. Der Virusprogrammierer würde zu einem bestimmten Zeitpunkt seinen ersten Computervirus unter die Leute (Computer) bringen. Nachdem er dann eine Weile (Wochen oder Monate?) gewartet hat, entläßt er das zweite Virusprogramm, das sich zwar auch vermehrt, aber nur die Aufgabe hat, das erste Virusprogramm auszulösen. Treffen also beide Virenprogramme aufeinander, ist für den ersten Virus die Triggerbedingung erfüllt.

Es wäre ebenfalls denkbar, daß ein Computervirus nur dann ausgelöst wird, wenn er auf der Festplatte ein bestimmtes Anwenderprogramm vorfindet, oder wenn dieses vom Anwender irgendwann einmal installiert wird.

Diese Aufzählung ist nur als Beispiel zu sehen und ist auf gar keinen Fall komplett. Es gibt einfach zu viele denkbaren Triggerbedingungen. Es gibt praktisch soviel denkbare Trigger-bedingungen wie es technische Programmiermöglichkeiten auf einem Computer gibt.

6.2 Welchen Schaden kann ein Computervirus anrichten ?

Auch hier sind der Phantasie fast keine Grenzen gesetzt. Der Computervirus kann praktisch jeden Schaden anrichten, den man programmtechnisch hervorrufen kann.

Einige Computerviren beschränken sich darauf, irgendeinen Unsinn auf dem Bildschirm auszugeben. Das kann z.B. ein kleiner Krankenwagen sein, der mit Blaulicht über den Bildschirm fährt, oder der Virus läßt die Buchstaben auf dem Bildschirm wie Herbstlaub auf die unterste Bildschirmzeile fallen, spielt eine Melodie oder gibt sonstige Geräusche von sich, oder er fragt bei jedem Tastendruck über den Lautsprecher   nach Keksen (Cookies). Wenn der Anwender dann das entsprechende Wort (z.B. Cookies) eingibt, gibt der Computervirus   für eine gewisse Zeitspanne (Minuten oder Stunden) Ruhe.

Er kann die Daten, die über Schnittstellen ausgegeben werden, verändern. Dann stimmt z.B. der Ausdruck auf einem Drucker nicht mehr, oder die Daten, die über ein Modem an einen anderen Rechner geschickt werden, werden verändert und damit unbrauchbar gemacht.

Er kann aber auch etwas (gelinde ausgedrückt) gemeiner sein und Daten auf einem Datenträger verändern, Daten und Dateien löschen, ganze Verzeichnisse löschen, die Festplatte formatieren, Clusters auf der Festplatte als "bad" markieren, die FAT verändern oder löschen, den Bootsektor oder das MBR verändern oder löschen, Attribute von Dateien ändern (z.B. in hidden), Dateien in andere Verzeichnisse kopieren usw.

Speziell bei Computerviren, die Daten verändern, besteht die Gefahr, daß sie nicht rechtzeitig entdeckt werden, da die Zerstörung an sich nicht auf den ersten Blick für den Anwender ersichtlich ist. Solche Computerviren werden meistens speziell für gewisse Anwenderprogramme geschrieben, wie z.B. Datenbanken oder Tabellenkalkulationen. In den Datensätzen vertauschen die Viren Zahlen oder ändern in der Tabellenkalkulation eine Berechnungsformel. Und da sich der Anwender heutzutage schon fast blind auf die Rechenkünste seiner Tabellenkalkulation verläßt, fällt es ihm erst auf, wenn ein größerer Schaden eintritt. Und das kann mitunter Monate dauern.

6.2.1 Hardwareschäden

Ob man einen Computervirus so programmieren kann, daß er auch einen Hardwareschaden anrichten kann, wird im Moment noch in Fachkreisen heftig diskutiert. Zumindest ist bis jetzt noch kein Computervirus bekannt geworden, der diese Fähigkeiten hat, und es wird auch weitestgehend für unmöglich gehalten.

6.3 Wie groß ist ein Computervirus?

Hier sollte man eigentlich fragen "Wie klein ist ein Computervirus". Die theoretische Größe eines Computervirus richtet sich nach dem technisch Machbaren auf einem Computer.

So wäre zwar ein Computervirus von (nur als Beispiel) 200kB denkbar und machbar, nur würde ein solcher Virus schon durch seine Größe mitunter sehr schnell entdeckt.

Deshalb versuchen die Virenprogrammierer, ihre Computerviren so klein wie möglich zu halten. So ist der kleinste speicherresidente Computervirus z.Zt. nur 128 Byte groß und der kleinste nicht-residente Computervirus nur 45 Byte groß (oder klein). Diese Werte sind zwar in der Praxis von wenig Interesse, ich habe sie hier jedoch erwähnt, um dem Leser einen Anhaltspunkt über die Größe von Computerviren zu geben.

6.4 Infektionsbedingungen

Der Computervirus macht die Infektion einer Wirtsdatei von verschiedenen Bedingungen abhängig. Die erste Bedingung ist meistens die Art der Wirtsdatei. Handelt es sich um eine COM- oder um eine EXE-Datei. Abhängig davon, für welche Art von Wirtsdatei der Computervirus programmiert wurde, wird dies auch zuerst überprüft. So wird z.B. ein COM-Infektor nach einer Überprüfung keine EXE-Datei infizieren. Es können aber auch andere Bedingungen ausschlaggebend sein wie z.B. die Größe einer Datei. In diesem Fall muß die Wirtsdatei eine bestimmte Mindestgröße aufweisen, darf eine gewisse Maximalgröße nicht überschreiten, oder die Größe der Wirtsdatei muß durch einen gewissen Wert teilbar sein usw. Die Infektionsbedingungen hängen weitestgehend vom Virenprogrammierer ab.

6.5 Doppelinfektionen

Was bei einer Doppelinfektion passieren kann, ist nur sehr schwer zu beschreiben. Eine Doppelinfektion bedeutet, daß eine Wirtsdatei von zwei verschiedenen Computerviren infiziert ist. Ob, wie und welcher Computervirus ausgeführt wird, hängt von den beiden zusammentreffenden Computerviren und deren Eigenschaften ab. Oftmals wird bei einer solchen Doppelinfektion sogar die Wirtsdatei so in Mitleidenschaft gezogen, daß sie nicht mehr ausführbar ist. Doppelinfektionen treten in der Praxis häufiger auf als man vermutet, werden aber meistens nicht als solche erkannt.

6.6 Wie erkennt ein Computervirus ob eine Datei bereits infiziert ist?

Nachdem ein Computervirus ausgeführt wurde, versucht er als nächstes eine Wirtsdatei zu finden, in der er eine Kopie von sich selbst einbinden kann. Nachdem er eine solche Wirtsdatei gefunden hat, wird diese erst daraufhin untersucht, ob die Datei nicht bereits von diesem Virus infiziert wurde. Dabei kann der Virus verschiedene Methoden anwenden. Eine Möglichkeit wäre z.B., daß er nach einem für sich selbst typischen HEX-String in der Wirtsdatei sucht. Oder nach einem bestimmten Bit an einer bestimmten Stelle der Wirtsdatei. Es gibt aber auch Viren, welche bei einer Infektion einer Wirtsdatei die Zeit des Abspeicherns auf einen bestimmten Wert setzen. So z.B. die normalerweise nicht sichtbare Sekundenangabe auf 61 oder 62 Sekunden oder den Monat auf 13.

Auch polymorphe Viren, die mit der MtE oder TPE verschlüsselt werden, verwenden die Technik der Markierung einer infizierten Wirtsdatei. So schreibt ein MtE verschlüsselter Computervirus z.B. ein "M" in das erste Byte der infizierten COM-Datei.

Da diese Technik aber nicht sehr sicher ist, kann es auch vorkommen, daß ein Virus eine Datei nicht infiziert, da diese das "M" schon im ersten Byte stehen hat, obwohl die Datei noch nicht infiziert wurde. Diese Eigenschaft können sich aber Anti-Viren-Scanner nicht zunutze machen. Da es einen Virus Autor meist nicht interessiert, ob sein Virus eine Infektionsrate von 100% erreicht oder eine Infektionsrate von nur 97%, interessiert es den Anwender schon, ob sein Anti-Viren-Programm 100% der Infektionen entdeckt oder nur 97%. Außerdem sind dabei auch noch einige Prozent Fehlermeldungen zu befürchten. Ein solches Anti-Viren-Programm wäre also für die normale Anwendung zu unzuverlässig.

6.7 Infektionsausbreitung

Die Infektionsausbreitung ist von der Art des Computervirus abhängig. Ist er ein Fast Infektor, dauert es eine relativ kurze Zeit bis ein System komplett verseucht ist (mitunter nur wenige Minuten). Es gibt gewisse Ähnlichkeiten zwischen dem Ausbreiten einer biologischen Infektion (z.B. Grippevirus) und der Verbreitung eines Computervirus. Die Infektionskurve sieht bei beiden Virenarten (biologischer Virus/digitaler Virus) sehr ähnlich aus. Die hier gezeigte Infektionskurve ist dem Infektionsverhalten der biologischen Viren entnommen.

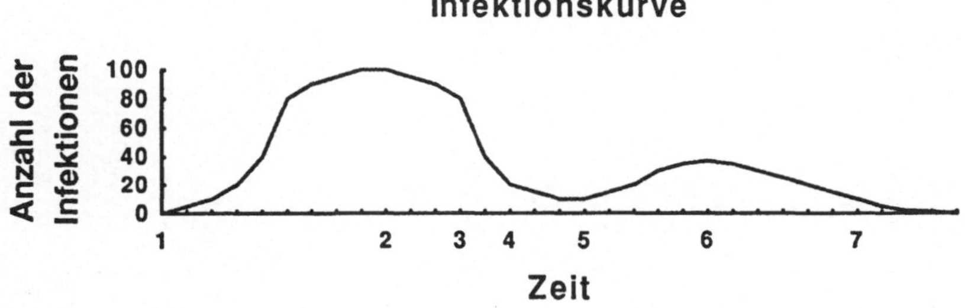

Abbildung 8: Typischer Infektionsverlauf

Stufe 1 ist der Ausbruch der Infektion bis zur immer schneller werdenden Infektion von Wirtsdateien.

Stufe 2 ist die 100%ige Infektion des Computersystems und auch der Zeitpunkt der Entdeckung der Virusinfizierung.

Bei Stufe 3 wird Anti-Viren-Software zum Einsatz gebracht. Es wird also ganz massiv gegen die Infektion vorgegangen.

In Stufe 4 geht die Anzahl der Infektionen merklich zurück.

Stufe 5 stellt den vorläufigen Tiefstpunkt bei der Infektionszahl dar. Nach Stufe 5 beginnt die Anzahl der Infektionen wieder zu steigen. Dies ist auf noch nicht desinfizierte Sicherheitskopien und noch nicht gefundene infizierte Computer oder Dateien innerhalb einer Firma zurückzuführen.

Stufe 6 stellt den Höchstpunkt dieser zweiten Infektionswelle dar.

Bei Stufe 7 klingt die Infektion wieder ab und geht gegen Null. D.h. alle Dateien, Computer, Disketten und Sicherheitskopien wurden erfolgreich desinfiziert.

Die oben gezeigte Infektionskurve ist stark vom Computervirus abhängig. Sie kann von Virus zu Virus mehr oder weniger stark abweichen.

7 Sonstige Arten manipulierender Software

Bisher wurde in diesem Buch nur auf die Computerviren eingegangen. Es gibt aber noch andere Möglichkeiten, den reibungslosen Arbeitsablauf auf einem Computer zu stören oder gar zu sabotieren.

7.1 Witzprogramme

Witzprogramme sollen eigentlich dem unerfahrenen Computeranwender nur einen Schrecken einjagen und somit der allgemeinen Belustigung dienen. Solche Witzprogramme verdankt man meisten seinen lieben Kollegen am Arbeitsplatz, die ein solches Programm während einer kurzen Abwesenheit vom Arbeitsplatz aufrufen oder gar in die AUTOEXEC.BAT einbinden. Problematisch wird es, wenn der Scherz für ernst gehalten wird und Servicetechniker geholt werden, weil man der Meinung ist, der Rechner sei defekt oder von einem Computervirus infiziert. Dies ist dann mit Arbeitsausfall und Kosten verbunden und kann sogar als Sabotage am Arbeitsplatz ausgelegt werden.

7.2 Trojanische Pferde

Hierbei handelt es sich um ein Programm, das dem Anwender zwar vorgibt, sinnvoll zu sein, welches aber nach seinem Start andere Operationen durchführt als vom Anwender gewünscht. Ein trojanisches Pferd enthält eine nicht dokumentierte Routine mit meist zerstörerischen Eigenschaften.

So können trojanische Pferde z.B. Daten in Datenbanken und Tabellenkalkulationen unbemerkt verändern, die Festplatte formatieren oder das File Allocation Table (FAT) verschlüsseln. Trojaner wurden auch in Computernetzwerken eingesetzt, um Paßwörter von Anwendern abzufangen, zu sammeln und außenstehenden Personen zugänglich zu machen. Der Hauptunterschied zwischen Trojanern und Computerviren ist die Tatsache, daß ein trojanisches Pferd sich nicht selbst vermehrt und daß es kein Wirtsprogramm zum Einbinden benötigt, da es ein eigenständiges Programm ist.

7.3 Dropper

Ein Dropper ist eine spezielle Art eines trojanischen Pferdes. Ein Dropper ist eine ausführbare Datei, welche Viruscode enthält aber kein Virus ist. Dieser Viruscode stammt aber nicht von einer Infektion, sondern wurde gewollt in diese Datei eingefügt.

Der Zweck ist es, mit dieser Datei den Virus in Umlauf zu bringen. Dieses Verfahren wird meistens bei den Boot-Sektor-Viren angewendet. Wenn man die Dropper Datei aufruft, wird zuerst der Boot-Sektor an einen anderen Platz auf dem Datenträger kopiert, dann wird der Boot-Sektor-Virus an die Stelle des Boot-Sektors des Datenträgers kopiert und dann wird die aufgerufene Datei ausgeführt.

7.4 Logische Bomben

Eine logische Bombe ist ebenfalls eine Abart eines trojanischen Pferdes. Die ausführbare Datei, in welche die logische Bombe eingebunden ist, enthält nicht nur eine undokumentierte Routine mit zerstörerischen Eigenschaften, sondern auch noch eine Trigger-bedingung, um diese zerstörerische Eigenschaft auszulösen. So wird z.B. die zerstörerische Routine erst ausgelöst, wenn das Programm 100 Mal aufgerufen wurde.

7.4.1 ANSI-Bomben

Eine ANSI-Bombe ist eine Trojanerart, die in einfachen ASCII Texten vorkommen kann. Bedingung für ein Funktionieren einer ANSI-Bombe ist das Vorhandensein des ANSI.SYS Treibers im Speicher des Rechners. Der ANSI.SYS Treiber wird mit DOS mitgeliefert und wird von den meisten Anwendern in die

CONFIG.SYS Datei eingebunden. Damit wird der ANSI.SYS Treiber mit jedem Booten des Rechners in den Arbeitsspeicher geladen. Einige wenige Programme benötigen den ANSI.SYS Treiber, um Bildschirmfarben einzustellen oder um Tasten auf der Tastatur eine neue Funktion zuzuordnen (auch Key Remapping genannt). Dies geschieht mit sogenannten ANSI-Sequenzen. Diese ANSI-Sequenzen werden vom ANSI.SYS Treiber abgefangen und als Befehle interpretiert sobald man versucht, den Text, in dem sie vorhanden sind, auf dem Bildschirm auszugeben (z.B. mit dem "TYPE" Befehl). Wurde von der ausgeführten ANSI-Sequenz z.B. eine Taste der Tastatur mit dem Befehl "Format C:" belegt, wird dieser Befehl ausgeführt, sobald die entsprechende Taste gedrückt wird. Auch Labels von Disketten können eine ANSI-Bombe enthalten. Um diese Bombe zu aktivieren, reicht ein einfaches "Dir A:".

Die einfachste Möglichkeit, sich vor ANSI-Bomben zu schützen, besteht darin, den ANSI.SYS Treiber nicht zu verwenden, wenn man kein Programm benutzt, welches auf diesen Treiber zurückgreift. Hierfür reicht es, wenn man den Eintrag des ANSI.SYS Treibers in der CONFIG.SYS Datei einfach löscht oder mit einem "REM" Befehl versieht. Eine andere Möglichkeit bestünde im Einsatz eines anderen ANSI-Treibers, der die technische Möglichkeit eines Key Remappings nicht zuläßt. Solche ANSI-Treiber sind meistens als Shareware erhältlich. Außerdem gibt es Filterprogramme, die entsprechende ANSI-Sequenzen herausfiltern und deaktivieren.

7.4.2 Zeitbomben

Eine Zeitbombe ist das gleiche wie eine logische Bombe. Nur die Auslösebedingung ist hier direkt zeitabhängig. So wird die Zeitbombe ausgelöst, wenn ein bestimmtes Datum oder eine bestimmte Uhrzeit erreicht ist.

7.5 Würmer (Worms)

Würmer sind eigenständige Programme, die sich in einem Netzwerk beliebig oft selbst vermehren und dabei Rechenzeit blockieren. Durch den Aufruf eines Wurmprogramms werden das Netzwerk und

die daran angeschlossenen Rechner verlangsamt. Je mehr sich das
Wurmprogramm vermehrt, umso langsamer wird das Netzwerk oder
der Rechner, bis hin zum Stillstand oder Zusammenbruch (so
geschehen bei Fall des InterNet-Wurms).

Ein besonderes Problem stellen Würmer auf Multitaskingsystemen
dar. Würmer infizieren keine anderen Dateien. Ursprünglich, als
noch mit Würmern experimentiert wurde, sollte ein wurmartiges
Programm eine nützliche Utility auf einem Netzwerk sein.

7.6 Kettenbriefe (Chain Letters)

Bei einem Chain Letter handelt es sich um ein Programm, welches
in eine E-Mail Nachricht eingebunden ist. Wird dieses Programm
aufgerufen, verschickt sich dieses Programm innerhalb eines
Netzwerks selbst an verschiedene Anwender als E-Mail
(E-Mail = Electronic Mail).

8 Anti-Viren-Software

Anti-Viren-Software ist die Waffe, die dem Anwender zur Verfügung steht, um sich gegen Computerviren zu schützen. Diese Waffe muß aber mit Bedacht gewählt werden. Denn nicht alle Waffen haben die gleiche Wirkung. So gibt es nicht nur unterschiedliche Anti-Viren-Software mit unterschiedlicher Funktionsweise und Wirkung, sondern auch Anti-Viren-Software, die von ihrer Funktion her nicht sonderlich geeignet ist, Schutz vor Computerviren zu gewährleisten. Eine der am häufigsten auftretenden Fehlerquellen ist die falsche Anwendung der Anti-Viren-Software. Diese falsche Anwendung der Anti-Viren-Software resultiert aus der Unwissenheit der Anwender.

8.1 Quellen für Anti-Viren-Software

Zuerst sollte man sich überlegen, aus welchen Quellen man seine Anti-Viren-Software beziehen möchte. Entscheidungskriterien hierfür sind z.B. die schnelle Verfügbarkeit der Software, der Anschaffungspreis der Software oder auch die Sicherheit, einwandfreie (und virenfreie) Software zu bekommen.

8.1.1 Kommerzielle Anti-Viren-Software

Da wäre zuerst die kommerzielle Anti-Viren-Software zu nennen. Diese Software wird in einem Unternehmen programmiert und über die üblichen Software-Vertriebswege auf den Markt und an den Kunden gebracht. Diese Art der Software ist in der Regel mehrere hundert Mark teuer und kann nur über Fachhändler oder von dem Unternehmen selbst bezogen werden.

8.1.2 Shareware Anti-Viren-Software

Als nächstes wäre die Shareware zu nennen. Sharewareprogramme unterliegen zwar dem Urheberrecht, sie dürfen aber frei verbreitet werden. Wenn diese Programme von einem Anwender genutzt werden sollen, muß eine relativ geringe Lizenzgebühr an den Autor des Programms entrichtet werden. Dies ist eine relativ preisgünstige Art und Weise, an Anti-Viren-Software zu kommen. Wer nun aber glaubt, daß diese Software nur von geringer Qualität ist, täuscht sich gewaltig. Gerade im Shareware Bereich gibt es mit die besten Anti-Viren-Programme, die zur Zeit erhältlich sind. Und gerade auch deshalb bitte ich jeden Anwender von Shareware so ehrlich zu sein und sich als Anwender von dieser Anti-Viren-Software registrieren zu lassen.

Die Shareware kann man von einem Händler bekommen oder mittels eines Modems aus einer Mailbox downloaden. Händler nehmen in der Regel eine Kopiergebühr von weniger als 10.- DM für die Arbeit des Kopierens und als Ersatz für den Materialaufwand für die Diskette, auf der das Sharewareprogramm dann zu finden ist. Das Programm an sich wird in der Regel kostenlos weitergegeben. Holt man sich die Anti-Viren-Software per Modem, so kostet das in der Regel nur die Telefongebühren. Aber es ist auch Vorsicht geboten. Gerade auf dem Shareware Vertriebsweg über Mailboxen können Anti-Viren-Programme von Virenprogrammierern so verändert werden, daß sie bestimmte Viren nicht finden, selbst infiziert werden können oder gar selbst ein Virus enthalten. Wer hier keine zuverlässige Mailbox weiß, auf die er zurückgreifen kann, der sollte seine Shareware nur über Shareware Händler kaufen. Diese Händler legen meist Wert auf sehr strenge Kontrolle gegenüber Computerviren.

8.2 Welches ist das beste Anti-Viren-Programm?

Diese Frage kann so nicht beantwortet werden, da sie einer subjektiven Betrachtungsweise unterliegt. Jedes derzeit verfügbare Anti-Virus-Programm hat seine Stärken und seine Schwächen. Vor allen Dingen die Schwächen können theoretisch von Computerviren ausgenutzt werden. Und es gibt kein Anti-Viren-Programm, das einen 100%igen Schutz garantieren kann.

8.3 Aufbau von Schutzmaßnahmen vor Computerviren

Um einen optimalen Schutz vor Computerviren aufzubauen, muß man heute mit verschiedenen Programmen arbeiten. Jedes dieser Programme deckt einen speziellen Bereich ab. Nur wenn man mit einem solchen Konzept aus verschiedenen Programmen gegen die Bedrohung der Computerviren vorgeht, kann man die Bedrohung auf ein sehr geringes Maß begrenzen und minimieren. Im folgenden sollen die heute zur Verfügung stehenden Programmtypen erklärt werden.

8.4 Arten von Anti-Viren-Software

Um sich vernünftig gegen Computerviren zu schützen, muß man wissen, wie Anti-Viren-Software funktioniert, wo ihre Stärken und ihre Schwächen liegen und wie man sie in der Praxis richtig einsetzt.

8.4.1 Scanner

Der Scanner ist die bekannteste und wohl auch die älteste Art der Anti-Viren-Software. Der Scanner beinhaltet eine Datenbank, in der die HEX-Strings der bekannten Viren enthalten sind. Bei guten Scannern ist die Datenbank der Viren-HEX-Strings verschlüsselt. Diese Verschlüsselung der HEX-Strings soll verhindern, daß ein zweiter eingesetzter Scanner den anderen Scanner als infiziert meldet.

Wird nun ein Scanner aufgerufen, so macht dieser nichts anderes als auf einem Datenträger jede ausführbare Datei mit seiner internen Datenbank zu vergleichen. Stimmt nun ein HEX-String in der internen Datenbank mit einem Teil einer ausführbaren Datei überein, meldet der Scanner, daß er eine infizierte Datei gefunden hat. Solche String-Scanner suchen in der Regel nur am Anfang und am Ende einer ausführbaren Datei nach vorhandenem Viruscode. Dies machte sich Ende 1992 ein ganz neuer Virus zunutze, indem er sich mitten in eine ausführbare Datei eingebunden hat. Scanner, die mit HEX-Strings arbeiten, können natürlich nur bereits bekannte und analysierte Viren finden.

Ein String-Scanner kann bei polymorphen Viren nicht mehr eingesetzt werden. Bei polymorphen Viren kann aufgrund ihrer Verschlüsselungstechnik kein HEX-String abgeleitet werden, der für diesen Computervirus typisch ist. Eine sehr wichtige Funktion eines Scanners ist die exakte Identifizierung des gefundenen Virus oder der Virusvariante. Diese exakte Identifizierung ist wichtig bei der Desinfektion von virenverseuchten Datenträgern. Da sehr viele Viren in mehreren Varianten existieren, muß man die Desinfektionsart entsprechend der vorhandenen Variante wählen. Wird der Computervirus vom Scanner falsch identifiziert, besteht die Gefahr, daß eine falsche Desinfizierungsart gewählt wird und es dabei zum Datenverlust kommt, den man ja eigentlich verhindern wollte.

Vor dem Einsatz eines Scanners muß das System von einer schreibgeschützten, virenfreien Bootdiskette gestartet werden.

8.4.2 Heuristische Scanner

Nachdem die ersten polymorphen Viren aufgetaucht waren, stellte man sehr schnell fest, daß der normale String-Scanner technisch nicht in der Lage war, diese neuen, variabel verschlüsselnden Viren zu entdecken. Es mußten also neue Lösungswege beschritten werden. Einer dieser neuen Lösungswege war der heuristische (engl. = Heuristic) Scanner. Bei diesem neuen Verfahren wird nicht mehr nach festen HEX-Strings gescannt, sondern das Scanner Programm untersucht die Datei auf gewisse Techniken hin, die z.B. der MtE zugeordnet werden können oder auf Programmcode, der einen direkten Festplattenzugriff erlaubt (INT 13h), ein Programm welches sich selbst im Speicher hin- und herverschieben kann usw.

So können z.B. Dateien von Tools und Utility Programmen, die diese Funktionen zu Reparaturzwecken haben, ebenfalls als infiziert angezeigt werden, obwohl keine Infizierung vorliegt. Vielfach geschieht dies mit der Datei FORMAT.COM, die mit DOS mitgeliefert werden. Hierbei kommen gleich mehrere Faktoren zusammen. FORMAT.COM kann direkt auf ein Speichermedium zugreifen und auf Sektoren schreiben und greift auf ein undokumentiertes Feature von DOS zurück. Zu beachten ist allerdings, daß dieses Verfahren noch nicht sehr zuverlässig in bezug auf Falschmeldungen und das tatsächliche Entdecken von infizierten Files ist.

Vor dem Einsatz eines heuristischen Scanners muß das System von einer schreibgeschützten, virenfreien Bootdiskette gestartet werden.

8.4.3 Speicherresidente Scanner

Hierbei handelt es sich um einen String- und/oder einen Heuristic Scanner, der im Arbeitsspeicher des Rechners als TSR jeden Aufruf einer ausführbaren Datei überwacht. Wird eine ausführbare Datei gestartet, wird sie erst vom TSR-Scanner auf Viren hin untersucht. Wird dabei ein Virus entdeckt, gibt der TSR-Scanner eine Meldung auf dem Bildschirm aus und stoppt den Start der ausführbaren Datei. Speicherresidente Scanner sind also eine Mischung aus normalem String-Scanner und einem Monitor-Programm. Bei speicherresidenten Scannern muß beachtet werden, daß immer nur ein Scanner im Arbeitsspeicher vorhanden ist. Zwei TSR-Scanner gleichzeitig im Arbeitsspeicher eines Rechners kann zu Fehler- und/oder Infektionsmeldungen führen oder Systemabstürze hervorrufen.

8.4.4 Integrity Checker

Integrity Checker Programme sind in der Regel umfangreiche Sicherheitsprogramme, die eine Veränderung von Dateien dem Anwender sichtbar machen.

Da ein Computervirus bei der Infektion einer Datei die Datei verändern muß, wird dies durch einen guten Integrity Checker sofort erkannt. Wenn man einen Integrity Checker das erste Mal aufruft, liest er alle auf einer Festplatte vorhandenen Dateien und errechnet für jede einzelne Datei eine oder mehrere CRC-Prüfsummen. Ein guter Integrity Checker macht dies ebenfalls für den Boot-Sektor und für den Partition-Sektor. Nachdem der Integrity Checker für alle Dateien CRC-Prüfsummen errechnet hat, werden diese als Dateien abgespeichert.

Wird nun eine Datei abgeändert (1 Bit reicht bereits), stellt der Integrity Checker bei seinem nächsten Aufruf fest, daß die jetzt errechnete CRC-Prüfsumme mit der abgespeicherten CRC-Prüfsumme nicht mehr übereinstimmt. Gute Integrity Checker gehen sogar soweit, daß sie dem Anwender sagen, welche Art von Veränderung durchgeführt wurde, worauf sie zurückzuführen ist und ob es sich dabei um eine (Virus) verdächtige Veränderung handelt. Ebenfalls kann bei guten Integrity Checkern die Methode gewählt werden wie die CRC-Prüfsummen errechnet werden, um einen direkt gegen den Integrity Checker gerichteten Angriff von verändernder Software jeglicher Art zu verhindern. Es kann auch ein String- und/oder ein heuristischer Scanner in dem Integrity Checker integriert sein, um beim Errechnen von Prüfsummen gleichzeitig die Datei auf Viren oder virentypisches Verhalten zu überprüfen.

Wenn man das Thema der Computerviren von seinem sicherheitsrelevanten Aspekt aus betrachtet, so kann man jetzt schon sagen, daß ein Sicherheitsprogramm wie ein Integrity Checker in Zukunft in der ersten Reihe einer vernünftigen Strategie zur Computervirenbekämpfung steht. Denn mit einem guten Integrity Checker werden die verschiedenen Sicherheitslücken, die auf Computern bestehen, gut überwacht und damit ein umfassender Schutz gewährleistet.

Vor dem Einsatz eines Integrity Checkers muß das System von einer schreibgeschützten, virenfreien Bootdiskette gestartet werden, da Stealth-Viren in der Lage sind, einen Integrity Checker zu täuschen, wenn sie im Arbeitsspeicher resident vorhanden sind.

8.4.5 Monitor-Programme

Bei einem Monitor-Programm handelt es sich um ein TSR-Programm, welches im Arbeitsspeicher des Rechners resident vorhanden ist.

Meistens werden solche Monitor-Programme in die CONFIG.SYS oder in die AUTOEXEC.BAT eingebunden, damit sie mit jedem Bootvorgang automatisch mit geladen werden. Ist das Monitor-Programm geladen, achtet es im Hintergrund auf virentypische

Aktivitäten wie z.B. das Verändern und Schreiben von Dateien, das Formatieren von Sektoren oder das Verbiegen von Interrupt-vektoren. Wenn eine solche verdächtige Handlung durchgeführt werden soll, meldet das Monitor-Programm dem Anwender diese Handlung und fragt ihn, ob diese Aktion auch durchgeführt werden darf.

Es gibt mittlerweile einige sogenannte "tunnelnde Computerviren", die ein solches Monitorprogramm direkt angreifen und/oder umgehen können. Zwar gibt es Monitor-Programme, die solche Aktionen ebenfalls umgehen können, aber Monitor-Programme sind nicht die zuverlässigsten Anti-Viren-Wächter. Außerdem ist zu beachten, daß niemals zwei Monitor-Programme gleichzeitig im Arbeitsspeicher vorhanden sein dürfen, da sie sich gegenseitig stören können oder ständig Fehler- bzw. Virenmeldungen von sich geben.

8.4.6 Desinfektor-Programme

Desinfektor-Programme sollen, wie der Name schon sagt, eine Datei oder den ganzen Rechner von einer Computervireninfektion befreien.

Einige dieser Desinfektor-Programme sind bereits als Funktion in Scanner-Programme eingebaut, andere Desinfektor-Programme werden als eigenständiges Programm mit einem Scanner mitgeliefert. Jedes dieser Desinfektor-Programme kann eine Vielzahl verschiedener Computerviren entfernen.

Des weiteren gibt es auch Desinfektor-Programme, die nur einen einzigen Virus entfernen können. Diese Desinfektor-Programme werden meist direkt nach der Entdeckung und der Analyse eines neuen Virustyps programmiert, um relativ schnell der Öffentlichkeit die Möglichkeit zu geben, diesen neuen Virus auch ohne größere technische Kenntnisse zu entfernen. Bei Desinfektor-Programmen, die eine Vielzahl von Viren entfernen können, dauert es immer eine gewisse Zeit (bei guten Programmen in der Regel 1-2 Monate) bis ein Update erscheint, welches dann wieder die neuesten Computerviren entfernen kann. Um diesen Zeitraum zu überbrücken, werden Desinfektor-Programme für einen einzigen

Computervirus programmiert, da diese in der Regel schon wenige
Tage nach der Entdeckung des Computervirus zur Verfügung
stehen.

Vor dem Einsatz eines Desinfektor-Programms muß das System von
einer schreibgeschützten, virenfreien Bootdiskette gestartet werden.

8.4.7 Möglichkeiten der Desinfektion bei infizierten Dateien

Wenn man davon ausgeht, daß der Computer einwandfrei
identifiziert wurde, gibt es vier Möglichkeiten bei der Desinfektion
einer infizierten Datei.

Der Virus kann nicht aus der infizierten Datei entfernt werden.
Dies gilt für überschreibende Computerviren. Die infizierte Datei
muß durch eine Sicherungskopie ersetzt werden.

Der Virus kann aus der infizierten Datei entfernt werden, aber die
Datei wird nicht 100% identisch mit der Originaldatei sein
(z.B. einige Byte größer). Die desinfizierte Datei wird genauso
funktionieren wie die Originaldatei.

Der Virus kann aus der infizierten Datei entfernt werden, aber die
Datei kann dabei in Mitleidenschaft gezogen werden, was mitunter
nicht zu entdecken ist.

Der Virus kann aus der infizierten Datei entfernt werden und die
Datei ist absolut identisch mit der Originaldatei.

Wenn die technische Möglichkeit besteht, sollte man immer die
infizierte Datei durch eine virenfreie Sicherungskopie ersetzen. Nur
wenn diese Möglichkeit nicht besteht, sollte man auf ein Desinfektor-
Programm zurückgreifen.

8.4.8 Wie sicher ist ein Desinfektor-Programm?

Die Anwendung von Desinfektor-Programmen mag zwar relativ
einfach sein, ist aber nicht die sicherste Methode.

Viele Desinfektor-Programme melden nach der Anwendung zwar sie hätten den Computervirus mit Erfolg aus einer infizierten Datei entfernt, doch sehr oft wurde die infizierte Datei dabei in Mitleidenschaft gezogen oder ganz zerstört. Dies passiert häufig bei Computerviren, die sich zwar nur an eine Wirtsdatei anhängen sollen, die aber aufgrund von Fehlern in ihrer Programmierung einen Teil des Wirtsprogramms doch überschreiben oder nachhaltig verändern. Um sicher zu gehen, sollte man eine Kopie der infizierten Datei auf einer gekennzeichneten Diskette speichern, falls die Datei bei der Desinfektion zerstört wird.

Außerdem gibt es viele Computerviren, die von einem Desinfektor-Programm nicht entfernt werden können, da sie schon bei der Infektion einen zu großen Schaden in der Wirtsdatei angerichtet haben. Die sicherste Art der Desinfizierung ist deshalb immer noch das Löschen der infizierten Datei und das Ersetzen durch eine Sicherungskopie oder durch eine erneute Installation der Anwendersoftware.

8.4.9 Impfprogramme

Es gibt zwei Sorten von sogenannten Impf- oder Immunisierungs-programmen.

Die erste Gattung von Impfprogrammen verändert ausführbare Dateien so, daß der Computervirus glaubt, er hätte die Datei bereits infiziert. Dies wird erreicht, indem das Impfprogramm die gleichen Änderungen in einer Datei vornimmt, die der Computervirus bei einer Infektion auch vornehmen würde, um zu erkennen, ob die Datei bereits von ihm infiziert ist. Diese Technik ist sehr mit Nachteilen behaftet und wird heute eigentlich nicht mehr eingesetzt. So kann eine Datei z.B. nur gegen einen Computervirus geimpft werden (und das bei mehr als 1000 existierenden Computerviren) und es können nicht für alle Viren Impfprogramme erstellt werden. Ein weiterer Nachteil ist der Eingriff und die Abänderung einer Datei. Auch das kann nicht immer ohne Schaden funktionieren. Außerdem besteht die Gefahr, daß eine bereits infizierte Datei immunisiert wird, was zu falschem Vertrauen in die Impfung führt. Die zweite Gattung von Impfprogrammen wendet eine Art des Integrity Checks an, wobei der ausführbare Code, der für den

Integrity Check notwendig ist, als auch die Integrity Check Daten, die für die Datei ermittelt wurden, in die Datei direkt implantiert werden. Wird die Datei vom Anwender aufgerufen, wird zuerst der Code für den Integrity Check aufgerufen, der die nun neu ermittelten Integrity Check Daten mit den in der Datei abgespeicherten Integrity Check Daten vergleicht. Auch diese Technik ist nicht zu empfehlen, da auch hier die ausführbare Datei nachhaltig verändert wird und außerdem diese Technik von vielen Viren ohne größere Probleme umgangen werden kann.

8.5 Wie wende ich Anti-Viren-Software richtig an?

Wie wichtig die Zuverlässigkeit der Quelle ist, aus der man seine Anti-Viren-Programme bezieht, habe ich schon im vorigen Abschnitt dieses Buchs erläutert. Bei der Anwendung von Anti-Viren-Software sollte man einige elementar wichtige Dinge niemals vergessen. So muß z.B. die Diskette, auf der sich die Anti-Viren-Software befindet, auf alle Fälle schreibgeschützt werden. Ist dieser Schreibschutz nicht vorhanden, so kann die Anti-Viren-Software selbst Ziel für einen Virenangriff werden. Es sollte ebenfalls eine schreibgeschützte, nicht infizierte(!!!) Diskette mit dem Betriebssystem DOS vorhanden sein.

Bei dem Betriebssystem ist darauf zu achten, daß es die richtige Versionsnummer hat. So kann z.B. ein Computer mit einer unter DOS 5.0 eingerichteten Festplatte nicht mit DOS 3.3 richtig betrieben werden. Da DOS 3.3 nicht auf die erweiterten Festplattenpartitionen von DOS 5.0 zugreifen kann, würde zwar der Rechner gebootet, man hätte aber keinen Zugriff auf die Festplatte. Nachdem man das richtige Betriebssystem hat und dazu noch über eine gute Anti-Viren-Software verfügt, sollte man zu einer recht außergewöhnlichen, ja schon fast radikal und revolutionär wirkenden Vorgehensweise übergehen. Dem Lesen der Dokumentation und der DOC-Files der Anti-Viren-Software. Erst wenn man diese überaus fortschrittliche und ungewöhnliche Methode auch tatsächlich angewendet hat, sollte man die

Anti-Viren-Software benutzen. Viele Probleme mit Anti-Viren-Software entstehen aus der Unkenntnis des Anwenders heraus.

Um einen Computer auf Computerviren hin zu untersuchen, muß man den Computer erst mit einem virenfreien Betriebssystem von Diskette booten. Erst dann kann man die Anti-Viren-Software relativ erfolgreich einsetzen. Damit soll verhindert werden, daß beim Boot Vorgang ein Computervirus aufgerufen wird und sich im Arbeitsspeicher des Computers einnistet, bevor die Anti-Viren-Software gestartet wird.

8.6 Der Hardware Schreibschutz

Der Hardware Schreibschutz von einer Diskette kann von keiner Software umgangen werden (sofern die Hardware des Rechners technisch einwandfrei ist). Auf dem PC war diese Möglichkeit zu keinem Zeitpunkt in der Rechnerarchitektur vorgesehen. Und das ist auch gut so.

Der Schreibschutz in einem Floppylaufwerk besteht entweder aus einer Lichtschranke, einer Lichtschranke mit Spiegel oder einer mechanischen Abtastung. Die Lichtschrankentechnik erfordert einen undurchsichtigen Schreibschutz und die Spiegeltechnik einen nicht reflektierenden Schreibschutz. Beides ist nur von schwarzen, matten Schreibschutzvorrichtungen gewährleistet.

Bei einer 5 1/4 Zoll Diskette besteht der Schreibschutz aus einem schwarzen Aufkleber und bei einer 3 1/2 Zoll Diskette aus einem schwarzen Kunststoffschiebeplättchen. Wird eine Diskette schreibgeschützt, wird die Lichtschranke unterbrochen und damit der Strom für Schreibzugriffe auf die Diskette abgeschaltet. Daher kann keine Software diesen Schreibschutz umgehen. Deshalb sollte man generell jede Programmdiskette, die man in die Finger bekommt, erst schreibschützen. Erst recht, wenn es sich um gekaufte Originaldisketten handelt.

Aber es gibt Computerviren, die diesen Schreibschutz auf eine ganz gemeine Art und Weise umgehen. Diese Computerviren geben eine Meldung auf dem Bildschirm aus, daß sie, unter Angabe der verschiedensten Gründe, Zugriff auf die Diskette benötigen und der Anwender deshalb den Schreibschutz von der Diskette entfernen soll. Und der Anwender, der darauf hereinfällt, hat eine infizierte Diskette mehr. Dies bedeutet, daß ein Computervirus nicht mit aller Gewalt den Schreibschutz an sich umgehen muß, wenn er den Anwender dazu überreden kann, den Schreibschutz zu entfernen. Deshalb sollte man die Installation von Software immer von Sicherungskopien aus machen und nie von den Originaldisketten!

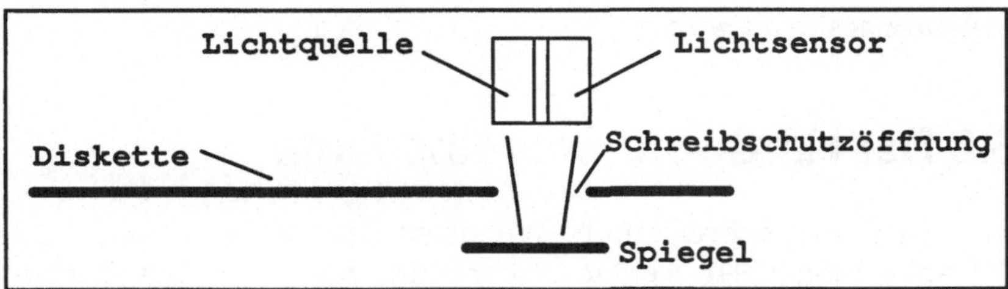

Abbildung 9: Diskette nicht schreibgeschützt.

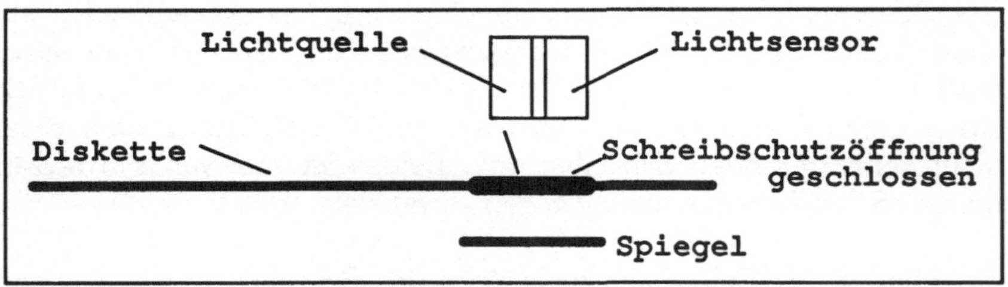

Abbildung 10: Diskette schreibgeschützt.

8.7 Der Software Schreibschutz

Verschiedentlich werden TSR-Programme angeboten, welche die Festplatte vor Schreibzugriffen schützen sollen.
Dieser Schreibschutz kann heute von vielen Computerviren bereits ohne große Probleme umgangen werden. Das gleiche gilt für das "Read Only" Attribut,welches von DOS zur Verfügung gestellt wird.

9 Anti-Viren-Programme beim Namen genannt

Ich möchte hier nur einige allgemeine Bemerkungen zu diesem Thema machen und die gängigsten Anti-Viren-Programme vorstellen. Die Liste der vorgestellten Anti-Viren-Software erhebt bei weitem nicht den Anspruch auf Vollzähligkeit.

Vielmehr habe ich in diese Liste nur Anti-Viren-Software aufgenommen, die mir persönlich zur Verfügung stand und die ich persönlich für mehr oder weniger empfehlenswert halte. Außerdem ist auch hier das Problem der Aktualität gegeben, da für eine gute Anti-Viren-Software in der Regel alle 2-3 Monate ein Update erscheint. Diese Liste kann deshalb sehr schnell veraltet und überholt sein.

9.1 Shareware Scanner

9.1.1 F-PROT

F-PROT von Fridrik Skulason ist ein guter Scanner, welcher in der Virenerkennung und hier insbesondere bei Varianten und in der Virenentfernung sehr gute Resultate erzielt. F-PROT bietet zusätzlich noch die Option einer heuristischen Suche, mit der Programme auf virentypisches Verhalten untersucht werden können. Eine Reparaturfunktion für infizierte Dateien ist ebenfalls in F-PROT integriert. Für den Privatgebrauch ist F-PROT kostenlos.

9.1.2 VIRSTOP

VIRSTOP von Fridrik Skulason ist ein guter, speicherresidenter Scanner. VIRSTOP kann von verschiedenen Viren umgangen werden und wird zusammen mit F-PROT vertrieben.

9.1.3 SCAN

Der Scanner von McAfee ist das wohl bekannteste und am meisten verbreitete Produkt überhaupt. Beim Erkennen einer Infektion ist der Scanner von McAfee ein gutes Produkt. Seine Schwachstelle ist aber das falsche Identifizieren von einigen Viren. SCAN sucht auch innerhalb von ausführbaren Dateien, die mit LZEXE und PKLITE komprimiert wurden, nach Viren.

9.1.4 NETSCAN

NETSCAN von McAfee entspricht SCAN, läßt sich jedoch auch auf Novell Serverplatten einsetzen, da der Bootsektorscan weggelassen wird.

9.1.5 VSHIELD

VSHIELD von McAfee ist ein residenter Scanner, der beim Aufruf von Programmen und auf Wunsch auch beim Kopieren in diesen nach Viren scannt. VSHIELD kann von verschiedenen Computerviren umgangen werden.

9.1.6 NETSHIELD

NETSHIELD von McAfee entspricht weitestgehend VSHIELD, arbeitet allerdings direkt auf dem Server.

9.2 Kommerzielle Scanner

9.2.1 Dr. Solomon's Anti Virus Tool Kit

Dr. Solomon's Anti Virus Tool Kit von der Firma S&S International verfügt über eine gute Suchleistung beim Aufspüren von Computerviren. Das gleiche gilt für die Identifikation von gefundenen Computerviren und Varianten. Das mitgelieferte Handbuch ist sehr umfangreich und sehr ausführlich.

9.2.2 PCVP

PCVP (PC Vaccine Professional) ist ein Datenschutzpaket, welches aus verschiedenen Programmen besteht. Dazu gehört ein Anti-Viren-Scanner, der sowohl nach HEX-Strings sucht als auch eine algorithmische Virensuche durchführt. Der Scanner verfügt über eine gute Suchleistung beim Aufspüren von Computerviren. Des weiteren sind in dem Paket ein guter Integrity Checker, ein Monitorprogramm für den Arbeitsspeicher und ein gutes Desinfektionsprogramm enthalten. Das Update des Scanners erfolgt jeden Monat durch ein neues "Signature File". In dieser Datei sind die HEX-Scan-Strings und die Suchalgorithmen für die neuesten Computerviren enthalten.

9.2.3 Antivir IV

Antivir IV ist ein deutsches Produkt von der Firma H+BEDV. Antivir IV verfügt über gute Such- und Reparaturleistung. Beispielhaft ist die mitgelieferte Boot Diskette. Damit wird gewährleistet, daß man mit einem virenfreien DOS den Computer booten kann.

9.3 Shareware Integrity Checker

9.3.1 IM - Integrity Master

Integrity Master von Wolfgang Stiller ist ein sehr gutes Programm, welches recht gute Datensicherheit bietet. Der im Produkt integrierte Scanner findet einen großen Teil der bekannten Viren, der Integrity Check auch unbekannte, die natürlich nicht identifiziert werden können. Dieser Integrity Check basiert auf dem CRC-Checksummenverfahren, wobei jedoch jede Kopie von Integrity Master einen eigenen Schlüssel benutzt, um Manipulationen durch Computerviren auszuschließen. Integrity Master findet jede Art von Veränderungen in Dateien und stellt daher einen guten Schutzmechanismus gegen verschiedene Arten von Softwaremanipulation dar. Zusätzlich wird noch auf besondere Sicherheitslücken im DOS getestet, wie z.B. auf das Vorhandensein gleichnamiger COM- und EXE-Files die bei Companion Viren vorkommen können. Die Installation ist leicht und benutzerfreundlich.

9.4 Anti-Viren-Hardware

Seit einiger Zeit werden auch vereinzelt Einsteckplatinen für den PC angeboten, die gegen Computerviren schützen sollen.

Die mir bisher vorliegenden Muster waren allerdings nicht sehr überzeugend und waren mitunter zu weniger in der Lage als bereits vorhandene Anti-Viren-Software. Außerdem kam noch das Update Problem hinzu, da hier meistens ein Hardware Update durchgeführt werden muß, welches in der Regel länger dauert und auch teurer ist. Ebenfalls problematisch wird es, wenn man ein ganzes Unternehmen mit mehreren hundert PCs mit solchen Boards ausrüsten muß. Die dabei anfallenden Kosten für diese Boards (Platinen) sind, an der erhältlichen Anti-Viren-Software gemessen, zu hoch.

Allerdings werden in Fachkreisen im Moment interessante Hardwaremethoden zum Schutz vor Computerviren diskutiert. Es bleibt abzuwarten, ob nach diesem theoretischen Brainstorming auch die entsprechende Hardware von einer Firma auf den Markt gebracht wird.

10 Vorgehensweisen bei Computervirusinfektionen

In diesem Kapitel möchte ich praktische Ratschläge geben, was bei einer Infektion durch einen Computervirus zu tun ist.

Bei der Vielzahl der unterschiedlichen Computerviren bitte ich allerdings um Verständnis dafür, daß die Beschreibungen sehr allgemein gehalten sind. Erst wenn der Computervirus korrekt identifiziert ist, kann man auch präzise Schritte unternehmen, um eine Weiterverbreitung zu verhindern und um den Computervirus zu entfernen.

Ich gehe bei den folgenden Beschreibungen davon aus, daß sich eine Person um die Computervirusinfektion kümmert, die auch über genügend Wissen über die Funktion der im Unternehmen eingesetzten Computerhard- und Software verfügt!

10.1 Hinweise auf eine Infektion

Wer sein Computersystem kennt, kann aufgrund verschiedener Gegebenheiten erkennen, ob ein Computervirus sein System infiziert hat, bevor der Computervirus seine Schadensroutine auslösen kann. Es gibt Anzeichen und Hinweise, die in den meisten Fällen nur auf eine Infektion zurückzuführen ist. Man spricht dann von einem virentypischen Verhalten des Computers. In diesem Fall kann man mit der entsprechenden Anti-Viren-Software den Verdacht überprüfen und gegebenenfalls gegen den Computervirus vorgehen.

Beachten sollte man, daß die unten aufgeführten Hinweise plötzlich vorhanden sein müssen. Nur weil ein Programm langsam ist, muß es nicht von einem Virus infiziert sein. Wenn man aber schon länger (mehrere Monate) mit einem Programm gearbeitet hat und es wird dann in seiner Arbeitsgeschwindigkeit langsamer, dann wäre es

schon eine Untersuchung wert, warum sich die Arbeitsgeschwindigkeit des Programms reduziert hat.
Ernstzunehmende Hinweise auf eine Infizierung sind:

- Beim Programmaufruf wird das Programm länger als üblich
  geladen.

- Das Programm arbeitet langsamer als üblich.

- Das Programm führt ungewöhnliche Schreib- / Lesezugriffe auf die
  Festplatte / Diskette aus.

- Der Computer legt ein ungewöhnliches Verhalten an den Tag.

- Der Arbeitsspeicher des Computers wird mit weniger als 655360
  Byte angegeben.

- Auf dem Bildschirm geschehen ungewöhnliche Dinge wie das
  Herunterfallen von Buchstaben, das Anzeigen irgendwelcher
  Nachrichten oder sonstige plötzliche Veränderungen der
  Bildschirmanzeige.

- Nach einer gewissen Zeit oder bei Aufruf eines Programms bootet
  der Computer plötzlich neu.

- Nach einer gewissen Zeit oder bei Aufruf eines Programms stürzt
  der Computer ab und muß mit dem RESET-Knopf neu gebootet
  werden.

- Ausführbare Dateien sind plötzlich nicht mehr vorhanden oder
  wurden anscheinend verändert.

- Es werden plötzlich mehr "bad sectors / clusters" auf der Festplatte
  gemeldet.

- Die Größe einer ausführbaren Datei hat sich verändert.

- Speicherdatum und/oder Speicheruhrzeit einer ausführbaren Datei
  haben sich plötzlich verändert.

- Die Speicherkapazität einer Diskette/Festplatte nimmt aus unerklärlichen Gründen ab.

- CHKDSK/F meldet "lost chains".

Sollte nur eine der hier aufgezählten Eigenschaften zutreffen, so bedeutet dies noch lange keine Infektion durch einen Computervirus. Es könnte sich dann auch um einen Hardwaredefekt handeln oder um ein schlecht programmiertes Programm. Je mehr Eigenschaften aber plötzlich zutreffen, desto wahrscheinlicher ist eine Infektion.

Für die Zukunft ist es sehr wahrscheinlich, daß die oben aufgeführten Verhaltensweisen von dem Computervirus immer besser getarnt werden d.h. für den Anwender nicht mehr erkennbar sind. Der erste Schritt in diese Richtung ist der Stealth-Virus.

10.2 Infiziert! Was nun?

Hier muß man unterscheiden, wie man auf den Computervirus aufmerksam geworden ist.

Hat man den Computervirus bemerkt, weil er ausgelöst wurde, d.h. die integrierte Schadensroutine im Computervirus wurde ausgelöst, dann sind im schlimmsten Fall alle vorhandenen Daten und Programme auf dem Computer zerstört worden. Die Art des Schadens ist vom Computervirus abhängig.

Die andere Möglichkeit wäre die, daß man durch den Einsatz von Anti-Virus-Software (Scanner, Integrity Checker usw.) den Computervirus entdeckt hat. In diesem Fall ist die Schlacht um die Daten im Computer noch nicht verloren.

Oberster Grundsatz bei einer Computervireninfektion:
KEINE PANIK!!!
Es sind schon mehr Daten durch Panik verlorengegangen als durch Computerviren!

Befragen Sie sich selbst! Trauen Sie sich zu, dieses Problem in den Griff zu kriegen und zu lösen? Sind Sie im Zweifel, ziehen Sie einen Fachmann zu Rate. Wenn Sie einen Fehler machen, kann dies der totale Datenverlust bedeuten!

Verfügen sie über die geeigneten Softwaremittel wie Viren-datenbanken und Anti-Viren-Software? Ist die Anti-Viren-Software noch aktuell, oder handelt es sich um eine schon etwas ältere Version? Wenn dies der Fall ist, besorgen Sie sich erst die nötige Software.

Verschwenden Sie keinen Gedanken an eine Low-Level-Formatierung der Festplatte. Es gibt bessere und elegantere Wege, einen Computervirus loszuwerden. Eine Low Level Formatierung bedeutet totalen Datenverlust auf dem Datenträger! Bei einer IDE Festplatte darf keine Low Level Formatierung durchgeführt werden! Dies kann die Festplatte zerstören! Neuere IDE Festplatten lassen keine Low Level Formatierung zu.

10.3 Erste Hilfe vor Ort

Beenden Sie das Programm, mit dem Sie gerade arbeiten, ordnungsgemäß (sofern Sie noch die Kontrolle über den Rechner haben).

Starten Sie keine anderen Programme die sich auf der Festplatte befinden. Auch keine Anti-Viren-Software!!

Sollte Ihr Rechner an ein Netzwerk angeschlossen sein, versenden Sie keine Electronic Mail oder führen Sie keine Kopierfunktionen innerhalb des Netzwerks durch! Dies könnte sonst dazu führen, daß sich der Computervirus über das Netzwerk in andere Computer verbreitet.

Sollte Ihr Rechner an ein Netzwerk angeschlossen sein, melden Sie den Rechner ordnungsgemäß im Netzwerk ab (LogOff).

Schalten Sie den Rechner ab.

Kennzeichnen Sie deutlich (Schild), daß der Computer von einem Computervirus infiziert ist. Sie verhindern damit, daß während Ihrer Abwesenheit jemand den Computer einschaltet und mit ihm weiterarbeitet.

Für alle weiteren Desinfektionsschritte, die ich im folgenden beschreiben werde, wäre es gut, wenn man den Computer ganz aus dem Netzwerk herauslösen (sprich: abklemmen) würde.

Jetzt haben Sie Zeit, sich die weitere Vorgehensweise zu überlegen, Rat einzuholen, Fachleute anzufordern oder sich die benötigte Software zu besorgen. Überlegen Sie, welche Daten sich auf der Festplatte befinden, die auf keinen Fall gelöscht werden dürfen, welche Daten zwar nicht verloren gehen sollten, die aber rekonstruierbar sind, und welche Daten im Ernstfall entbehrlich sind (d.h. verloren gehen können). Sollten Sie jetzt über gute Sicherheitskopien der Daten verfügen, haben Sie einen großen Risikofaktor bereits ausgeschlossen.

10.4 Die Bootdiskette

Für alle weiteren Arbeiten an dem infizierten Rechner benötigen Sie jetzt eine virenfreie, schreibgeschützte(!!!) Bootdiskette. Auf dieser Bootdiskette sollten folgende Dateien oder Programme vorhanden sein:

1. Die gleiche DOS-Version wie sie auch auf dem infizierten Computer verwendet wird (Systemdateien und COMMAND.COM). Packen Sie auf die Bootdiskette nur die wichtigsten DOS-Dateien (externe Befehle)! Wichtige externe Befehle sind CHKDSK, DEBUG, EDLIN, FDISK, FORMAT, MEM, UNDELETE und SYS.

2. Eine AUTOEXEC.BAT und eine CONFIG.SYS Datei, die den Umständen entsprechend programmiert wurden. In diesen Dateien sollte der Path auf das Bootlaufwerk A: gesetzt sein, der deutsche Tastaturtreiber sollte von diesen Dateien geladen werden sowie die wichtigsten Treiberprogramme, die nötig sind,

um die vorhandene Hardware richtig ansprechen zu können. Verzichten Sie auf jeden überflüssigen Treiber!

3. Auf der Bootdiskette sollten nur die Treiberprogramme vorhanden sein, die auch wirklich gebraucht werden. Bei den Treiberprogrammen handelt es sich meistens um Dateien mit der Endung .SYS.

4. Installieren Sie auf der Bootdiskette mindestens ein Anti-Viren-Programm. Wenn der Platz ausreichend ist, können Sie auch zwei Anti-Viren-Programme auf der Bootdiskette installieren. Sollte nicht genügend Platz für ein zweites Anti-Viren-Programm vorhanden sein, müssen Sie eine zweite Bootdiskette für das zweite Anti-Viren-Programm anlegen.

5. Legen Sie sich noch eine Bootdiskette an mit den von Ihnen bevorzugten Tools und Utility Programmen (z.B. Norton Utilities, CheckIt usw.).

6. Denken Sie daran, daß jede dieser Disketten virenfrei und schreibgeschützt sein muß!

10.5 Bis zum bitteren Ende

Wenn Sie alles erledigt und beschafft haben, können Sie nun dem Computervirus auf den Leib rücken.

Legen Sie die Bootdiskette in das Bootlaufwerk des Computers und schalten Sie den Rechner ein. Achten Sie beim Power On Self Test (POST) auf eventuelle Fehlermeldungen (es muß nicht immer ein Virus sein, es könnte sich ja auch um ein Hardware Problem handeln).

ACHTUNG! Viele speicherresidente Computerviren können durch einen Warmstart (CTRL + ALT + DEL) nicht aus dem Arbeitsspeicher des Computers entfernt werden. Diese Computerviren fangen diese Tastenkombination ab und täuschen nur einen Warmstart vor. Um einen solchen Computervirus sicher aus dem Arbeitsspeicher zu entfernen, muß der RESET-Knopf gedrückt werden oder der Computer aus- und nach einer Weile wieder eingeschaltet werden.

Nachdem der Rechner ohne Auffälligkeiten wie z.B. Fehlermeldungen gebootet hat, können Sie von Laufwerk A: das erste Anti-Viren-Programm starten. Sie haben sich doch hoffentlich vorher mit dem Handbuch und/oder den Dokumentationsdateien der Anti-Viren-Software beschäftigt? Dokumentationsdateien, die auf der Diskette mit dem Anti-Viren-Programm mitgeliefert wurden, sollten übrigens vorher ausgedruckt werden!

Lassen Sie mindestens(!!!) zwei Anti-Viren-Programme nach dem Computervirus suchen.

Wird der Computervirus von den Anti-Viren-Programmen gefunden und identifiziert, sollten Sie sich erst über die Funktionsweise dieses Computervirus informieren. Ich empfehle dazu den "Computer Virus Katalog", welcher vom Virus Test Zentrum Hamburg herausgegeben wird.

Jetzt muß man die Entscheidung treffen, ob man mit einem Desinfektionsprogramm weiterarbeitet (auch auf die Gefahr hin, daß bei der Desinfektion Dateien in Mitleidenschaft gezogen werden oder der Virus nicht korrekt entfernt wird), oder ob man die infizierten Dateien löscht und durch Sicherungskopien ersetzt. Ich bevorzuge in jedem Fall die letztere Möglichkeit, da sie die sicherste ist.

Bevor man Dateien von den Sicherungskopien aus neu installiert, müssen die Sicherungskopien selbst erst auf Computerviren hin untersucht und eventuell vorher gesäubert werden.

Ist der Rechner und die Sicherungskopien virenfrei, sollten alle Disketten mit denen man gearbeitet hat auf eine Computervireninfektion hin untersucht und eventuell vorher gesäubert werden.

Wenn Ihr komplettes System (Rechner, Sicherungskopien und Arbeitsdisketten) virenfrei ist, setzen Sie einen Integrity Checker ein, um von jeder Datei eine CRC-Prüfsumme errechnen zu lassen.

Wenden Sie diesen Integrity Checker in regelmäßigen Abständen an, um virenbedingte Veränderungen in Ihren Dateien rechtzeitig zu bemerken.

10.6 Unbekannte Computerviren

Sollten Sie einen neuen Computervirus entdeckt haben, der von keinem gängigen Anti-Viren-Programm entdeckt wird, sollten Sie eine Kopie dieses Computervirus an einen bekannten Computervirenforscher oder an ein Virus Test Zentrum einer Universität schicken. Auf keinen Fall sollten Sie diesen Computervirus irgend jemanden geben. Halten Sie die Diskette, auf der Sie den neuen Computervirus isoliert haben, unter sicherem Verschluß!
Machen Sie auf der Diskette kenntlich, daß sich auf der Diskette ein Computervirus befindet.

Legen Sie der Diskette eine Beschreibung bei, wodurch Ihnen der Computervirus aufgefallen ist und wie Sie ihn isoliert haben. Unbekannte Computerviren werden meistens mit Hilfe von Integrity Checkern entdeckt. Der Integrity Checker meldet zwar keinen "unbekannten Virus", jedoch eine verdächtige Veränderung in einer ausführbaren Datei. Und dieser verdächtigen Veränderung kann man dann nachgehen.

10.7 Zweifelhafte Meldungen und Probleme

Es gibt immer wieder Probleme mit Computeranwendern, die eine Meldung eines Programms falsch verstehen und dann auf einen Virus schließen. Diese in der Praxis auftretenden Probleme möchte ich hier kurz beschreiben.

10.7.1 Diagnoseprogramm meldet Cascade Virus

Wer sich mit einem Diagnoseprogramm (z.B. CheckIt) seine Interrupttabelle ansieht, wird feststellen, daß mehrere Interrupts als "Cascaded Interrupts" angegeben werden. Viele Anwender meinen dann, es handele sich dabei um den Cascade Virus. Tatsächlich sind diesen Interrupts keine festen Funktionen zugeordnet und sie können mehrfach verwendet werden. Man spricht deshalb von "Cascaded Interrupts", was nichts mit einem Virus zu tun hat.

10.7.2 Anti-Virus-Programm meldet nur eine Datei infiziert

Auch dieses Problem kommt in der Praxis häufig vor. Es könnte sich hierbei um eine Falschmeldung handeln. Deshalb sollte man eine solche Meldung immer durch ein zweites Anti-Viren-Programm bestätigen lassen. Wird die Infizierung der Datei auch von einem zweiten Anti-Viren-Programm bestätigt, sollte man der Sache ernsthaft auf den Grund gehen.

10.7.3 Anti-Virus-Programm meldet eine infizierte Datendatei

Hier kann man davon ausgehen, daß es sich um eine Fehlermeldung handelt. Trotzdem sollte man ein zweites Anti-Viren-Programm verwenden, um die Meldung zu überprüfen. Generell geht von dieser Datendatei (Endung z.B. TXT, DOC, DBF, BAK, usw.) keine weitere Gefahr aus, da es sich um keine ausführbare Datei handelt. Es gibt zwar Computerviren, die durch einen Fehler in der Programmierung auch solche Datendateien infizieren, doch kann ein solcher Computervirus nicht durch eine solche Datendatei ausgeführt werden.

11 Strategien und Methoden gegen Computerviren

Gerade in Unternehmen ist der Schutz vor Computerviren sehr wichtig. Bei der zunehmenden Zahl von Computern in einem Unternehmen kann der Ausfall von einigen Computern bereits große finanzielle Verluste hervorrufen. Gehen dann auch noch wichtige Daten verloren, kann dies ein Unternehmen in den Ruin führen.

Bei einer Studie, die 1992 in größeren Unternehmen durchgeführt wurde, konnte festgestellt werden, daß einige Unternehmen einen 68%igen Ausfall ihrer PC's nur 3 Tage überstehen können. Danach ist das Unternehmen finanziell ruiniert. Weiterhin wurde festgestellt, daß keines der untersuchten Unternehmen für den Ernstfall gewappnet war. Es existierten weder einheitliche Verhaltensmaßregeln für den Ernstfall noch eine vernünftige Strategie, um den Ernstfall zu verhindern. Ich hatte zeitweise den Eindruck, in so mancher Firma wird russisches Roulett mit der EDV gespielt.

Viele Unternehmen wissen noch nicht einmal um die Gefahren und Probleme im Zusammenhang mit Computern. Aber woher sollen die Unternehmen auch solche Informationen beziehen. Der Computer ist heute eine Massenware, die man an fast jeder Ecke kaufen kann. Verkaufen kann fast jeder, gut beraten kann fast keiner. Eine gute Beratung ist zeit- und kostenintensiv und setzt ein erhebliches Fachwissen voraus. Außerdem ist die Problematik und das damit verbundene Fachwissen noch sehr wenig verbreitet.

11.1 Aufbau eines Kontrollsystems gegen Computerviren

Ein solches Kontrollsystem soll zum einen einen optimalen Schutz bieten, zum anderen aber auch ein vernünftiges Arbeiten an den Computern ermöglichen. Dieses Kontrollsystem sollte wie folgt aufgebaut sein:

11.1.1 Vorbeugen

Hierbei soll eine Virusinfektion im Vorfeld bereits verhindert werden. Zu den vorbeugenden Maßnahmen gehört die Ausbildung der Mitarbeiter, der Einsatz von entsprechender Software zum Schutz vor Computerviren und eine Überwachung des Datenverkehrs. So sollte jede neue und/oder unbekannte Diskette vor der Benutzung auf einen Computervirus hin untersucht werden. Dies gilt auch für leere, vorformatierte Disketten, die man von anderen Personen oder Firmen bekommt. Auch das Erstellen von Sicherungskopien gehört zu den vorbeugenden Maßnahmen.

11.1.2 Entdecken

Falls der Worst Case (Ernstfall) dann eingetreten ist, geht es zuerst um die Entdeckung der Virusinfektion und dann um das Aufspüren des eigentlichen Computervirus.

11.1.3 Eindämmen

Nachdem die Virusinfektion festgestellt wurde, muß die weitere Verbreitung des Computervirus verhindert werden. Dies geschieht durch eine sofortige Benachrichtigung aller betroffenen Personen innerhalb und außerhalb des Unternehmens.

11.1.4 Entfernen

Hier muß der Computervirus erfolgreich aus einem Computersystem entfernt werden,

11.1.5 Wiederherstellen

Das Wiederherstellen aller infizierten Dateien kann je nach Schwere der Virusinfektion sehr problematisch sein. Bei einer guten Vorsorge können alle zerstörten Dateien von den Sicherungskopien ersetzt werden. Dabei sind manchmal geringe Datenverluste in Kauf zu nehmen, welche die letzten Arbeitsstunden im Unternehmen betreffen. Im schlimmsten Fall sind alle Daten nicht mehr wiederherzustellen.

11.2 Wie wird ein Computervirus in ein Unternehmen eingeschleppt ?

Technisch gesehen gibt es nur zwei Möglichkeiten, Computer in einem Unternehmen mit einem Computervirus zu infizieren. Entweder wird der Virus durch eine Netzwerkverbindung eingeschleppt oder er wird durch eine Diskette übertragen.

Gerade bei einer Infektion durch Disketten sind es meistens zwei Personenkreise, die in Frage kommen. Alle Angestellten der Firma mit Zugang zu einem Computer, oder alle fremden Personen, die nicht dem Unternehmen angehören, dort aber in irgendeiner Art und Weise an Rechnersystemen zu tun hatten (z.B. Servicepersonal für Computer).

Bei den Angestellten des Unternehmens sind es meistens infizierte Computerspieledisketten aus unzuverlässigen Quellen, die mitgebracht werden und den Computervirus auf den Computern des Unternehmens verbreiten. Die Motivation ist meistens das Vorführen des neuesten Computerspiels bei den Arbeitskollegen. Diesen Personen ist meist gar nicht bewußt, daß ihr Computerspiel mit einem Computervirus infiziert ist. Man kann heute davon ausgehen, daß über 90% aller Infizierungen unwissentlich geschehen. Der Prozentsatz des bewußten Infizierens eines Rechnersystems zu Sabotagezwecken ist relativ gering. Wird das Computerspiel auf einem Unternehmenscomputer gestartet, ist der Computer infiziert. Auch nachdem das Computerspiel wieder von dem Rechnersystem entfernt wurde, bleibt der Computer nach wie vor infiziert. Der nächste Anwender, der auf diesem Computer arbeitet, wird automatisch für die weitere Verbreitung des Computervirus auf dem Rechner sorgen, ohne es zu wissen. Nachdem der Anwender seine Arbeit an dem Rechner beendet hat, packt er alle erstellten Dateien auf eine Diskette. Am nächsten Tag wird dieser Anwender mit seiner Diskette voll mit Daten und Programmen auf einem anderen Rechner des Unternehmens arbeiten. Oder er muß die Diskette in einer anderen Abteilung einem anderen Mitarbeiter zur Verfügung stellen. Damit wird der zweite Rechner in dem Unternehmen infiziert. Und so entsteht ein Schneeballsystem von Infizierungen, die nur schwer unter Kontrolle zu bringen sind, da jede Kopie des Computervirus sich selbst wieder um ein Vielfaches vermehren kann. Je mehr sich der Computervirus vermehrt, desto schneller verbreitet er sich in diesem Unternehmen.

Genauso problematisch ist es, wenn der erstinfizierte Computer an ein Computernetz innerhalb des Unternehmens angeschlossen ist. Hier entfällt der Computervirustransport über eine Diskette. Bei einem Netzwerk wird der Transport durch das Hin- und Herkopieren von Daten und Programmen unter den einzelnen Anwendern übernommen.

Ähnlich funktioniert es auch mit den fremden Personen, die in diesem Unternehmen, aus welchem Grund auch immer, Zugang zu einem Computer hatten. Nur ist hier meistens die mitgebrachte Diagnosesoftware dafür verantwortlich.

Es gibt aber noch eine andere, relativ seltene Möglichkeit der Vireninfektion. Die Möglichkeit, daß dem Unternehmen infizierte Programmdisketten vom Hersteller des Programms geliefert werden. Wie gesagt, diese Möglichkeit ist relativ selten, aber es ist dennoch des öfteren passiert. So waren z.B. die Disketten eines weltweit bekannten Netzwerksoftware Herstellers befallen. Leider nicht ganz so selten sind die bekanntgewordenen Vorfälle durch mitgelieferte Treiberdisketten von No Name Geräten aus Fernost sowie die mitgelieferten Disketten von großen, billigen Computerladenketten. Es wurden auch Fälle bekannt, daß neugekaufte Computer bereits einen Computervirus auf der bootfähigen Festplatte hatten. Das passierte dann beim Händler oder in der Werkstatt, welche die Festplatte formatiert hat und anschließend das Betriebssystem auf der Festplatte installiert hat.

11.3 Zurückverfolgen der Infektion

Ab einer gewissen Virenverbreitung innerhalb der Unternehmensrechner ist es nicht mehr möglich, den Ausgangsrechner der Virusinfektion zu lokalisieren oder den Mitarbeiter zu benennen, der für die Virusinfektion verantwortlich ist. Es sollte aber auf alle Fälle versucht werden, den Ausgangspunkt der Vireninfektion zu lokalisieren. Gerade bei dieser Arbeit werden viele Sicherheitslücken entdeckt.

11.4 Wie ernst ist das Problem ?

Traditionelle Sicherheitsmaßnahmen sollen die sicherheitsrelevanten Vorfälle in der EDV eines Unternehmens auf ein vertretbares Maß begrenzen. So ist z.B. ein einziges verlorengegangenes Datenfile pro Jahr eine vertretbare Größe für ein Unternehmen. Und hier liegt das Problem, das von Computerviren verursacht wird. Da sich ein einzelner Computervirus unbemerkt in den Rechnersystemen eines Unternehmens verbreiten kann, kann die Zerstörung von Daten einen weitaus größeren Umfang annehmen, als durch einen einzelnen Anwender verursacht werden kann.

Das Verhindern von Computervireninfektionen sollte zwar mit zu den Hauptaufgaben im Bereich der Computersicherheit gehören, jedoch kann man eine Computervirusinfektion nie ganz verhindern. Es gibt keinen 100%igen Schutz vor Computerviren. Eine Firma oder eine Anti-Viren-Software, die 100%igen Schutz vor Computerviren verspricht, lügt, und sollte als unseriös betrachtet werden! Nirgends auf der Welt bekommt man vor irgend etwas 100%igen Schutz. Auch nicht beim Autofahren oder beim Fliegen. Und das Flugzeug ist das sicherste Verkehrsmittel unserer Zeit.

11.5 Wie wichtig ist das rechtzeitige Erkennen einer Infektion?

Ein Computervirus verbreitet sich im allgemeinen mit exponentieller Geschwindigkeit auf einem Computersystem.

Wenn ein Computervirus am Montag ein Rechnersystem infiziert hat, so kann er am Dienstag bereits vier Rechnersysteme infizieren, sechzehn Rechnersysteme am Mittwoch und mehr als fünfhundert am Freitag. Auch wenn die Praxis etwas anders (langsamer/ schneller) aussieht und diese Zahlen nur ein Beispiel für die Verbreitungsgeschwindigkeit sein sollen, erkennt man an diesen Zahlen die Wichtigkeit der Frühentdeckung eines Computervirus.

Je früher man einen Computervirus entdeckt, desto weniger Arbeit hat man beim Entfernen des Virus, desto geringer ist die Gefahr einer Reinfizierung und desto geringer kann der angerichtete Schaden ausfallen. Und das sind eigentlich Argumente, denen jeder Chef aufgeschlossen gegenüberstehen wird. Denn jede Virusinfektion der Computer eines Unternehmens kostet Zeit und damit auch automatisch Geld.

11.6 Wie wichtig ist das schnelle Reagieren auf eine Infektion ?

Wenn eine Virusinfektion auf einem Rechnersystem entdeckt wird, bedeutet jeder Moment, in dem darüber nachgedacht wird, was nun zu unternehmen ist, daß der Virus sich munter weiterverbreitet. Deshalb ist es wichtig, daß man einen Plan zur Bekämpfung von Computerviren bereits entworfen hat, bevor es zu einer Infektion kommt. Dieser Plan sollte z.B. folgendes enthalten:

- Eine für diesen Fall fest vorgesehene Gruppe von Personen als Krisenteam.

- Vorgehensweisen zur Entdeckung infizierte Rechnersysteme. Man muß relativ schnell feststellen können, welchen Umfang die

Virusinfektion innerhalb des Unternehmens bereits angenommen hat. Diese Systeme müssen als infiziert gekennzeichnet werden.

- Vorgehensweisen, zur Isolation infizierte Systeme, z.B. das Abkoppeln des Rechners von dem Computernetzwerk. Diese Isolation des Rechners muß aufrecht erhalten werden, bis der Computer absolut virenfrei ist.

- Vorgehensweisen, zur Information eventuell betroffene Anwender über den entdeckten Virus. Dazu gehören auch Informationen, wie man eine Weiterverbreitung verhindern kann.

- Informationen und Vorgehensweisen, wie der Computervirus von den infizierten Rechnersystemen entfernt werden kann.

11.7 Erneute Infektion eines Rechnersystems

Nachdem man den Computervirus von allen infizierten Rechnersystemen und den Backup Kopien entfernt hat, muß man die Computer noch eine Zeit lang sorgfältig beobachten, ob ein Rechnersystem nicht erneut von einem Computervirus infiziert wird. Es besteht die Gefahr, daß man bei dem Entfernen der Computerviren einen Virus übersehen hat. So kann ein Virus noch auf der Festplatte vorhanden sein, ebenso auch auf den Sicherungskopien.

Er kann aber auch über die gleiche Quelle außerhalb des Unternehmens wieder eingeschleppt werden. Man sollte deshalb auch immer versuchen, die Herkunft des Computervirus zu ermitteln. Zur Überwachung der Computersysteme empfehlen sich speicherresidente Virenwächter, Anti-Viren-Programme sowie auch Checksummen-Prüfprogramme.

11.8 Systemadministration und Computerviren

Als Systemadministrator ist man in einem Unternehmen in der Regel für die Funktion und den reibungslosen Arbeitsablauf in der EDV verantwortlich. Diese Verantwortlichkeit umschließt auch den Bereich der Computersicherheit und der Datensicherheit.

Die Bedrohung der Datensicherheit durch Computerviren ist aber noch relativ neu. Viele Systemadministratoren sind zwar zum Thema Computer- und Datensicherheit geschult worden, doch wird in vielen Unternehmen die Bedrohung durch Computerviren nicht sonderlich ernst genommen. Aber gerade die Prävention von Infektionen durch Computerviren liegt auch im Tätigkeits- und Verantwortungsbereich eines Systemadministrators.

Deshalb sollte man auf keinen Fall warten, bis das Kind in den Brunnen gefallen ist. Denn die Kosten für die Wiederherstellung von verlorenen Daten beträgt ein Mehrfaches von dem, was eine gute Ausbildung der Systemadministratoren und der Anwender kostet. Gerade auch die Sensibilisierung und die richtige Ausbildung der einfachen Computeranwender in einem Unternehmen kann erheblich zur Prävention von Computerviren beitragen.

Viele Systemadministratoren in einem Unternehmen verlassen sich aus Unwissenheit auf bereits installierte Sicherheitssysteme. Diese traditionellen Sicherheitssysteme sind zwar nützlich, vielleicht sogar hilfreich, aber sie sind meistens nicht direkt für die Bedrohung, die von Computerviren ausgeht, ausgelegt. Deshalb müssen neue, der Bedrohungssituation angepaßte Sicherheitssysteme in den Computersystemen installiert werden, die mit der Bedrohung durch Computerviren effektiv und sicher umgehen können. Das Computersicherheitsmanagement eines Unternehmens wird dabei in Zukunft eine große und wichtige Schlüsselrolle in der Reduzierung des Risikos übernehmen. Aber auch die ganze Unternehmenspolitik wird dabei eine nicht unwichtige Rolle spielen. Jeder muß sich darüber im klaren sein, daß die Datensicherheit bei ihm selbst anfängt.

11.8.1 Empfehlungen für die Verantwortlichen

- Achten Sie darauf, daß in regelmäßigen, nicht zu großen Abständen Backup Kopien von allen wichtigen Daten gemacht werden. In der Regel werden Datenfiles nicht von Computerviren befallen. Sollte auf einer Backup Diskette aber doch ein Computervirus vorhanden sein, so kann man ihn mit dem nötigen Wissen entfernen. Infizierte Backups sind zu retten. Zerstörte Daten auf Rechnersystemen meistens nicht.

- Überprüfen Sie in regelmäßigen Abständen die Sicherheitseinrichtungen auf ihre Funktion oder eventuelle Schwachstellen. Ein Sicherheitssystem, das heute das sicherste auf dem Markt ist, kann morgen bereits veraltet und überwindbar sein.

- Installieren Sie Programme auf den Rechnersystemen, die eine Virusinfektion rechtzeitig und schnell erkennen. Sorgen Sie für regelmäßige Updates der Software.

- Schränken Sie den Zugang der Anwender zu externen Speichermedien wie Diskettenlaufwerken ein.

- Überwachen und schützen Sie Netzwerkverbindungen, die mit anderen Firmen oder Organisationen bestehen.

- Schränken Sie die Electronic Mail Kommunikation innerhalb eines Netzwerkes auf nicht ausführbare Dateien ein.

- Richten Sie eine eigene Kommunikationsebene ein, die nur zum Versenden von ausführbaren Dateien vorgesehen ist. Beschränken Sie den Zugriff auf diese Kommunikationsebene auf so wenig Mitarbeiter wie möglich. Diese Kommunikationsebene läßt sich dann relativ einfach auf Computerviren hin überwachen.

- Achten Sie auf eine gute Computersicherheitsausbildung bei den Anwendern. Solche Sicherheitsschulungen sollten regelmäßig durchgeführt werden und immer auf dem neuesten Stand der Erkenntnisse sein.

- Ein neuer Mitarbeiter sollte erst zu sicherheitsrelevanten Themen geschult werden, bevor er die Zugangsberechtigung zu einem Computer erhält.

11.9 Unternehmensstrategie gegen Computerviren

Bilden Sie eine Gruppe von Fachleuten, die mit der Bedrohung durch Computerviren umgehen können. Diese Gruppe sollte:

- für die Schulung der Mitarbeiter verantwortlich sein,

- genaue Informationen zum Thema Computerviren und Computersicherheit bereithalten,

- Hinweisen aus dem Unternehmen auf einen vermutlichen Computervirus nachgehen

- und auftretenden Computervirusinfektionen schnell und gewissenhaft entgegenwirken.

Stellen Sie sicher, daß jeder Mitarbeiter des Unternehmens weiß, wie diese Gruppe zu erreichen ist, wenn er eine Infektion des Rechners vermutet. Entwickeln Sie einen Plan, wie im Falle einer Computervireninfizierung vorzugehen ist, bevor der Ernstfall eintritt. Testen und üben Sie den Plan in regelmäßigen Abständen. **Aber benutzen Sie dafür keine echten Computerviren !**

11.10 Die Ausbildung der Computeranwender

Eine gute Unternehmensstrategie basiert immer auf dem Wissen, der Aufgeklärtheit und der Mitarbeit der Computeranwender in einem Unternehmen. Das gilt nicht nur für Computerviren, sondern auch für den Paßwortschutz und andere Sicherheitsfragen, die das Unternehmen und ihre EDV betreffen. Wenn die Mitarbeiter nicht genügend über die Gefahr informiert werden, kann man von ihnen auch keine konstruktive Zusammenarbeit erwarten.

Der Anwender sollte z.B. wissen, wen er zu verständigen hat, wenn er verdächtige Aktivitäten in seinem Computer beobachtet oder glaubt, ein anderweitiges Sicherheitsproblem entdeckt zu haben.

Er sollte auch wissen, was er noch tun darf oder was er zu unterlassen hat, wenn er eine Infektion durch einen Computervirus vermutet.

Der Anwender sollte ermutigt werden, sicherheitsrelevante Themen von sich aus aufzugreifen oder weiterzumelden. Man muß dem Anwender auch nahebringen, daß Sicherheitsmaßnahmen auch für den Schutz seiner eigenen Daten absolut notwendig sind, also auch seinen eigenen Schutz betreffen. Zu keiner Zeit darf der Anwender glauben, es handele sich um unbegründete und überzogene Sicherheitsmaßnahmen oder gar um Panikmache.

Es sollte nicht versucht werden, Computervireninfektionen mit Strafmaßnahmen zu verhindern. Strafmaßnahmen können dazu führen, daß der Anwender sich nicht traut eine Infektion zu melden. Dadurch geht wertvolle Zeit (mitunter Tage) verloren.

Es sollte immer ein Ansprechpartner für den Anwender vorhanden sein, der im Notfall weiß, was zu tun ist. In vielen Unternehmen sind solche Teams aufgestellt worden, um schnell und flexibel reagieren zu können. Es sind sogenannte First Level Support Teams, die über genügend Informationen verfügen, um bei eventuell auftretenden Problemen zu erkennen, ob es sich um einen Computervirus handelt, oder ob es sich um ein allgemeines Soft- oder Hardwareproblem handelt. Nicht zu vergessen die Fehlbedienungen durch den Anwender.

Dieser First Level Support sollte aber nicht nur als Unterstützungs- und Informationspartner dem Anwender zur Verfügung stehen, sondern auch dem eigentlichen Sicherheitsmanagement und dem Systemadministrator als beratendes Gremium zur Seite stehen.

Dieses Team wird in der Praxis zuerst erfahren, ob, und wenn ja, welche Sicherheitslücke vorhanden ist. Es sollte auch fachlich qualifiziert genug sein, um die nächst höhere Management Ebene beraten zu können.

Es empfiehlt sich weiterhin, die eigentliche Virensuche und Virenentfernung von infizierten Computersystemen nicht dem First Level Support Team zu überlassen. Hierfür sollte man ein entsprechendes Team einsetzen, das sich auf diesem Gebiet besonders auskennt und mehr Zeit hat, sich auf diesem Gebiet weiterzubilden. Es können aber auch Mitglieder des First Level Support Teams Mitglied in dem Anti Viren Team sein. Das bedeutet aber in der Praxis, daß auf dem Anti Viren Team nicht der allgemeine Arbeitsstreß liegen darf. Ein Anti Viren Team, das vor lauter allgemeiner Arbeit nicht zum Weiterbilden kommt, ist innerhalb weniger Monate wertlos und im Ernstfall sogar eine Gefahr. In der Praxis reichen pro Woche ca. 4 Stunden zur Informationsbeschaffung und zur Informationsauswertung. Alle Informationen, die diesem Team zur Verfügung stehen, sollten an einem zentralen Ort gelagert oder gespeichert werden. Im Ernstfall bestimmt nur das Anti Viren Team in Verbindung mit dem Systemadministrator das weitere Vorgehen gegen den Computervirus. Die Befehlsebenen sollten klar überschaubar und relativ klein sein, um eine schnelle und effektive Reaktion auf die Infizierung zu gewährleisten.
Eine gute Staffelung des Supportwesens sieht folgendermaßen aus:

Level 0)
Der Endanwender. Bei Fragen und Problemen wendet er sich an das First Level Support Team.

Level 1)
Das First Level Support Team. Es hilft dem Endanwender bei seinen Problemen und Fragen. Im Falle eines Computervirus informiert es sofort das Anti Virus Team. Es steht dem Anti Virus Team im Ernstfall als Hilfe zur Verfügung.

Level 2)
Das Anti Virus Team. Es analysiert sofort, welche Ausmaße die Infizierung angenommen hat und wie gefährlich sie ist. Es

benachrichtigt sofort den verantwortlichen Systemadministrator und spricht das weitere Vorgehen mit ihm ab.

Level 3)
Der Systemadministrator. Ihm untersteht der gesamte EDV Bereich des Unternehmens. Er informiert das Management des Unternehmens über die Vorfälle, die eingeleiteten Maßnahmen und über die Fortschritte.

Für alle Personen, die in diesen 4 Stufen arbeiten, gilt als oberstes Gebot die regelmäßige Weiterbildung.

Der Endanwender sollte alle 6 Monate über die neuesten sicherheitsrelevanten Entwicklungen informiert werden.

Das First Level Support Team sollte alle 4 bis 6 Wochen über das Neueste an der Computervirenfront informiert werden. Dies sollte durch ein Zusammentreffen von First Level Support Team und Anti Viren Team geschehen.

Das Anti Viren Team sollte sich wöchentlich informieren. Der Systemadministrator sollte von dem Anti Viren Team in wöchentlichem Abstand über die neuesten Vorgänge und Virenwarnungen informiert werden.

Natürlich ist die Staffelung der Teams von der Größe und der Struktur des Unternehmens abhängig. Es macht wenig Sinn, so etwas in einer Firma mit 3 PC's und 10 Angestellten einzuführen. Aber auch in solchen Firmen sollte wenigstens einer der Mitarbeiter soweit über das Thema Computerviren informiert sein, daß er eine Infizierung entdecken und eventuell auch beseitigen kann.

11.11 Hilfe bei Computervirus Infektionen

Jeder EDV Verantwortliche in einem Unternehmen sollte über Ansprechpartner außerhalb des Unternehmens verfügen, die ihm im Ernstfall weiterhelfen können. Das können andere Firmen sein, aber auch Viren Test Zentren in Universitäten. Um eine effektive

Hilfe zu erhalten, sollte man folgende Informationen bereithalten und immer mit angeben:

- Welcher Rechnertyp wird benutzt (CPU und Taktgeschwindigkeit)?

- Welche Diskettenlaufwerke sind im Rechner vorhanden?

- Welches Diskettenformat hat Laufwerk A: ?

- Wieviele Festplatten sind im Computer vorhanden?

- Welches Aufzeichnungsverfahren oder welche Schnittstellen verwenden die Festplatten (MFM, RLL, IDE, SCSI, ESDI usw.)?

- Welche Kapazität haben die Festplatten?

- Werden Onlinekomprimierer wie Stacker oder SStor verwendet?

- Ist der Computer an ein Netzwerk angeschlossen?

- Wenn ja, an welches Netzwerk (Hard- und Software)?

- Wieviel Arbeitsspeicher ist im Computer vorhanden?

- Wie ist dieser Speicher konfiguriert (extended / expanded)?

- Welche Device Treiber werden genutzt?

- Welches Betriebssystem wird benutzt (Versionsnummer)?

- Existiert eine virenfreie, schreibgeschützte Bootdiskette?

- Welche sonstigen speicherresidenten Programme werden aufgerufen?

- Durch was oder durch welches Verhalten wurde man auf den Computervirus aufmerksam?

- Wie heißt der Computervirus (falls bekannt)?

- Mit welchem Anti-Viren-Programm wurde der Computervirus entdeckt?

- Welche Anti-Viren-Programme haben den Computervirus nicht entdeckt?

- Wieviele Dateien wurden als infiziert gemeldet?

- Welche Art von Datei wurde als infiziert gemeldet (Endung der Datei)?

- Welche Anti-Virus-Software läuft noch auf diesem Computer?

- Wurde dieser Computervirus von einem oder mehreren Anti   Viren Programmen entdeckt?

- Wann wurden die letzten Backup Kopien angefertigt?

Man sollte ebenfalls einen Ausdruck der CONFIG.SYS, der AUTOEXEC.BAT und des CMOS-Setups bereithalten. Einen Ausdruck des CMOS-Setups kann man z.B. mit dem Programm CheckIt anfertigen.

11.12 Sicherungskopien

Auch wenn es keine Bedrohung durch Computerviren geben sollte, so sind Sicherungskopien (auch Backup genannt) keine schlechte Idee. Besonders wenn die Sicherungskopien regelmäßig gemacht werden. Deshalb sind die Sicherungskopien auch ein wichtiger Bestandteil des Sicherheitsmanagements. Wenn ein Programm- oder Datenfile verloren geht, können die Sicherungskopien einige Tage oder Wochen an Arbeit einsparen. Die potentielle Gefahr durch Computerviren erhöht nur noch die Notwendigkeit von Sicherungskopien. Auch bei der Installierung von Software auf dem Computer sollte man nie die Originaldisketten benutzen. Immer erst eine Sicherungskopie der Originaldisketten anfertigen und das Programm dann von den Sicherungskopien aus installieren. Wenn man von Originaldisketten eine Sicherungskopie anfertigt, sollte man immer daran denken, vorher die Originaldisketten mit dem Schreibschutz zu versehen.

Je nach täglichem Datenaufkommen, sollte man immer mindestens drei Generationen von Sicherungskopien aufbewahren oder soviele Sicherungskopien wie nötig anfertigen (z.B. täglich) und mindestens einen Monat lang aufbewahren. Sicherungskopien von wichtigen Datensätzen sollten bis zu einem Jahr aufbewahrt werden.

Sicherungskopien sind aber auch ein Platz, an dem sich Computerviren verstecken können. Man sollte deshalb auch die Sicherungskopien auf Computerviren untersuchen, nachdem man einen Computervirus von einem infizierten Rechnersystem entfernt hat. Wenn man die Sicherungskopien nicht auf das Vorhandensein von Computerviren untersucht, läuft man Gefahr, beim Installieren der Sicherungskopien auf dem Rechnersystem wieder einen Computervirus auf dem Rechnersystem zu verbreiten. Solange eine Sicherungskopie nicht als absolut sauber und virenfrei gilt, darf mit dieser Sicherungskopie nicht gearbeitet werden. Berühmtester Ausspruch zum Thema Sicherungskopien: " ... aber ich dachte, Du machst die Backup-Kopien !"

11.12.1 Aufbewahrungsort von Sicherungskopien

Sicherungskopien sollten immer zentral im Unternehmen aufbewahrt werden, um unnötige Sucherei zu vermeiden und einen optimalen Schutz der Sicherungskopien zu gewährleisten. Es empfiehlt sich, Sicherungskopien in einem feuerfesten Tresor aufzubewahren. Dies wird oftmals sogar von Versicherungen in den Versicherungsbedingungen gefordert.

11.13 Verhalten gegenüber Kunden

Sollte ein Unternehmen von einer Computervirusinfektion betroffen sein und es sollte sich bei der weiteren Untersuchung herausstellen, daß die Infizierung auch an einen Kunden des Unternehmens weitergegeben wurde, sollte man den Kunden umgehend informieren. Man sollte in diesem Fall offen und ehrlich seinem Kunden gegenüber sein. Es ist sicher nicht gut für die gemeinsame

Zusammenarbeit und das Vertrauen, wenn der Kunde in der Lage ist, die Vireninfektion auf seinen Rechnern zu dem Unternehmen zurückzuverfolgen und ihm gegenüber keine Warnung ausgesprochen wurde. Hier wird jeder Kunde für den Hinweis und die Ehrlichkeit dankbar sein. Diese Offenheit ist kein Beinbruch. Das ist schon großen namhaften Softwareherstellern passiert, die dann über 5000 Kunden angeschrieben haben, um vor dem mit der Software mitgelieferten Computervirus zu warnen. Sie befinden sich damit also in wahrhaft großer Gesellschaft. Auch wenn es kein Ruhmesblatt für das Unternehmen darstellt.

Den weitaus größeren Negativruf bekommt man, wenn man von der Infektion weiß, es seinen Kunden gegenüber aber verschweigt. Auch hierfür gibt es Beispiele von großen und namhaften Unternehmen. Und es ist sehr viel schwieriger, diesen erworbenen Negativruf wieder loszuwerden. Das kann mitunter Jahre dauern. Man sollte immer daran denken: Ein guter Ruf reicht weit, ein schlechter Ruf reicht noch viel weiter.

12 Anhang

12.1 Hardware - Grundlagen

In diesem Abschnitt will ich einige technische Zusammenhänge erläutern, die zum Verstehen der Funktionsweise von Computerviren nötig sind.

12.1.1 Das Booten des Computers

Bereits beim Booten des Computers kann ein Computervirus gestartet werden und die Kontrolle über das Computersystem übernehmen. Zwar kann das rechnerinterne ROM von einem Computervirus nicht verändert werden, aber ein Computervirus kann sich an eine Stelle kopieren, die von der Bootsequenz abgefragt wird.
Die Bootsequenz eines PC's läuft wie folgt ab:

- Der Rechner wird eingeschaltet.

- Das CPU sucht die Adresse F000:FFF0h und beginnt die Befehle an dieser Adresse abzuarbeiten. Diese Adresse liegt im ROM des Rechners. Das ROM wird oftmals auch als Firmware bezeichnet.

- Der Inhalt des ROM wird von der CPU abgearbeitet und übernimmt die weitere Kontrolle über den PC.

- Es folgt der Power On Self Test (POST). Hier prüft der Rechner das Vorhandensein der im BIOS eingegebenen Hardware. Für die dabei notwendigen Arbeiten werden einige BIOS-Interrupts initialisiert.

- Nach dem Hardware Check durch den POST versucht das BIOS unter Zuhilfenahme des INT 13h, den ersten physikalischen Sektor eines Datenträgers (Diskette oder Festplatte) einzulesen (Zylinder 0, Spur 0, Sektor 1). Hierzu sucht es erst in Laufwerk A: und danach in Laufwerk C:

- An dieser Stelle einer Festplatte steht das Master-Boot-Record (MBR) oder bei einer Diskette der Bootsektor.

- Dieser erste Sektor enthält Informationen über den Aufbau des Datenträgers und ein Programm, welches die Partitionstabelle auswertet. Dieses kleine Programm lädt den Bootsektor der aktiven Partition.

- Dieser Bootsektor enthält den Boot Loader. Dieser Boot Loader stellt fest, ob sich auf der Partition ein Betriebssystem befindet und lädt es gegebenenfalls.

- Die erste Betriebssystemdatei, die geladen wird, ist IO.SYS (IBMBIO.COM). IO.SYS initialisiert nun die noch fehlenden BIOS-Interrupts und die Standard-Gerätetreiber CON, AUX, PRN, LPT1 bis 3, COM1 bis 4, und CLOCK$. Die Systemdatei CON wird sofort für Ein- und Ausgaben geöffnet.

- Nun wird MSDOS.SYS (IBMDOS.COM) von der Datei IO.SYS geladen.

- IO.SYS übergibt die Rechnerkontrolle an das Modul SYSINIT, das mit MSDOS.SYS geladen wurde.

- SYSINIT kopiert sich selbst an einen anderen Platz im Arbeitsspeicher. Danach kopiert es die Datei MSDOS.SYS an einen anderen Platz im Arbeitsspeicher.

- SYSINIT startet das Programm MSDOS.SYS und sucht die Datei CONFIG.SYS. Ist die Datei CONFIG.SYS vorhanden, wird die Datei MSDOS.SYS entsprechend den Befehlen in der CONFIG.SYS modifiziert.

- SYSINIT sucht im Hauptverzeichnis nach dem Befehlsinterpreter COMMAND.COM. Wird der Befehlsinterpreter COMMAND.COM gefunden, wird ihm die Kontrolle über das Rechnersystem übergeben.

- Nun sucht COMMAND.COM nach der Datei AUTOEXEC.BAT im Hauptverzeichnis. Wird die Datei AUTOEXEC.BAT gefunden, werden die dort vorgefundenen Befehle der Reihe nach abgearbeitet.

- COMMAND.COM schreibt den Prompt (Eingabeaufforderung) auf den Bildschirm und wartet auf die weiteren Eingaben des Anwenders.

12.1.2 Interner Datenaufbau von Datenträgern und Speichermedien

Bei Datenträgern und Speichermedien handelt es sich in der Regel um Disketten und um Festplatten. Es gibt auch sogenannte Wechselfestplatten. Auf diese Sorte von Datenträgern gehe ich hier nicht näher ein, da sie relativ gering verbreitet sind und ansonsten die gleichen Bedingungen wie bei einer gewöhnlichen Festplatte gelten. Außerdem gibt es noch das CD-ROM. Wenn der Hersteller der Daten-CD bei der Herstellung keinen Computervirus mit draufpackt, so geht von diesem Speichermedium keine Gefahr aus, da der Anwender nur die CD lesen und keine Schreibzugriffe ausführen kann. Auf all diesen Speichermedien werden die Programme und die Daten gespeichert. Die Art der Speicherung ist für die Diskette wie auch für die Festplatte die gleiche.

12.1.3 Spuren

Da es sich bei den Speichermedien um runde, rotierende Scheiben handelt, wird die Scheibe in Kreise, den sogenannten Spuren, aufgeteilt.

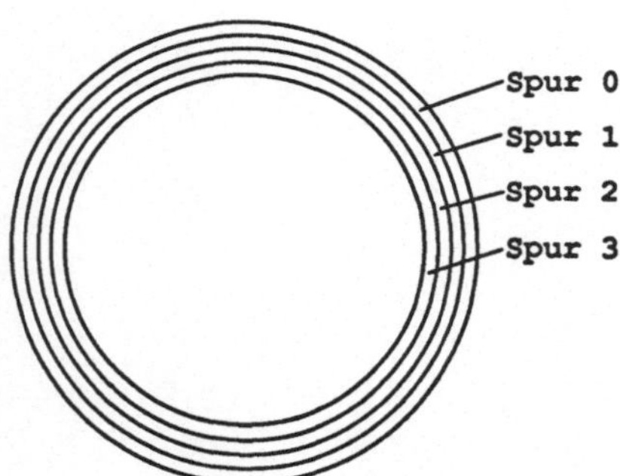

Abbildung 11: Aufbau eines Datenträgers in Spuren

12.1.4 Sektoren

Diese runden Spuren werden dann nochmals in Kreisausschnitte unterteilt, die sogenannten Sektoren. Die kleinste Speichereinheit auf einem Speichermedium ist der Sektor. Auch wenn dieser Sektor nur zur Hälfte belegt ist, wird der ganze Sektor als voll gemeldet.

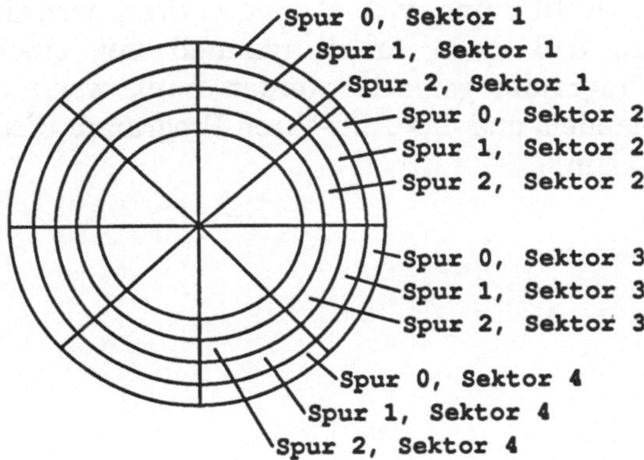

Abbildung 12: Aufbau eines Datenträgers in Spuren und Sektoren

Die Einteilung in Spuren und Sektoren erfolgt durch das Formatieren des Datenträgers. Ohne vorherige Formatierung ist der Datenträger nicht in der Lage, Daten zu speichern.

12.1.5 Aufbau eines Sektors

Aber auch Sektoren werden wiederum unterteilt. Der Aufbau eines Sektors besteht aus einem Header, dem Datenfeld und der Lücke. Im Header sind Informationen wie die Spurnummer und die Nummer des aktuellen Sektors gespeichert. Direkt hinter dem Header kommt dann das Datenfeld. In diesem Datenfeld werden die zu speichernden Daten abgelegt. Dem Datenfeld folgt eine Lücke. Diese Lücke braucht man, damit beim Abspeichern der Daten die im nachfolgenden Sektor gespeicherten Daten nicht überschrieben und somit gelöscht werden.

<table>
<tr><td colspan="2">/Header Sektor 1</td><td></td><td colspan="2">/Header Sektor 2</td></tr>
<tr><td>/</td><td>Datenfeld Sektor 1</td><td>Lücke</td><td>/</td><td>Datenfeld Sektor 2</td></tr>
</table>

Abbildung 13: Interner Aufbau eines Sektors

Dieses Wissen um den internen Aufbau eines Datenträgers ist bei der Entdeckung und der Entfernung von Computerviren wichtig. Denn es kann passieren, daß diese Arbeit manuell mit einem entsprechenden Utility Programm gemacht werden muß, wenn es sich um wichtige Daten handelt und das Anti-Viren-Programm diese Arbeit nicht übernehmen kann.

12.2 System Interrupts

20	Terminate Programm
21	DOS Call
22	Terminate Address
23	CTRL - C Handler Address
24	Critical Failure Address
25	Absolute Disk Read
26	Absolute Disk Write
27	Terminate / Remain Resident
28	DOS Safe To Use
29	Fast Putchar
2A	Microsoft Networks Interface
2B - 2D	Unused
2E	Primary Shell Program Loader
2F	Multiplex Service Interrupt
30	Use for CP/M Compatibility
33	Mouse Interrupt
40	Reserved for Expansion
5C	NETBIOS Interface
60	User Interrupts
67	EMS Functions
80	BASIC Interrupts
86	BASIC Interpreter Interrupts
F1	Unused

12.3 Funktionen des Interrupt 21h

00	Terminate Program
01	Keyboard Input with Echo
02	Display Output
03	Auxiliary Input
04	Auxiliary Output
05	Printer Output
06	Direct Console I/O
07	Direct STDIN Input
08	STDIN Input
09	Display String
0A	Buffered STDIN Input
0B	Check Buffer and Input
0C	Clear Buffer and Input
0D	Reset Disk
0E	Select Disk
0F	Open File (FCB)
10	Close File (FCB)
11	Search for 1st Entry FCB
12	Search for next Entry
13	Delete File (FCB)
14	Read Seq File (FCB)
15	Write Seq File (FCB)
16	Create File (FCB)
17	Rename File (FCB)
18	Reserved
19	Get Default Drive
1A	Set Disk Transfer Address
1B - 20	MS-DOS Internal
21	Random Read
22	Random Write
23	Get File Size
24	Set Relative Record
25	Set Interrupt Vector
26	Create New Program Segment
27	Random Block Read
28	Random Block Write
29	Parse File Name

2A	Get Date
2C	Get Time
2D	Set Time
2E	Set / Reset Verify Flag
2F	Get Disk Transfer Address
30	Get DOS Version Number
31	Terminate / Remain Resident
32	MS-DOS Internal
33	CTRL - C Check
34	MS-DOS Internal
35	Get Interrupt Vector
36	Get Disk Free Space
37	MS-DOS Internal
38	Get Country Information
39	Create Subdirectory
3A	Remove Directory
3B	Change Current Directory
3C	Create a File / Handle
3D	Open File / Handle
3E	Close File / Handle
3F	Read from File / Device
40	Write to File / Device
41	Delete File
42	Move Read / Write Pointer
43	Change Attributes
44	I/O Control for Devices
45	Duplicate File Handle
46	I/O Redirection
47	Get Current Directory
48	Allocate / Lock Memory
49	Unlock Memory
4A	Modify Allocated Memory
4B	Load / Execute Program
4C	Terminate Process (Error)
4D	Get Child´s Return Code
4E	Find Match File
4F	Find Next File
50 - 53	MS-DOS Internal
54	Return Verify Flag
56	Move File (Rename)

57	Get / Set File Time & Date
58	Get Allocation Strategy
59	Get Ext Error Information
5A	Create Uniquely Named File
5B	Create New File
5C	Clear File Access Locks
5D	Copy Data to DOS Save Area
5E	Get Machine Name
5F	Get Redirection List Entry
60	Expand Path Name String
61	Reserved
62	Get PSP Address
63 - 67	Get lead Byte, Set Country Code, Get Country Info, Global Code Page, Set Handle Count, respectively
68	Flush Buffer
69	Reserved
6A	Allocate Memory
6B	Reserved
6C	Extended Open / Create

12.4 Aktuelle Informationsquellen zum Thema Computerviren

Es gibt verschiedene Möglichkeiten, sich über Computerviren auf dem laufenden zu halten. Nur wer sich wissensmäßig auf dem neuesten Stand der Technik hält, kann der Gefahr, die von Computerviren ausgeht, angemessen begegnen. Wer sich nur alle 6 Monate über Computerviren informiert, läuft Gefahr, daß sein Wissen im Ernstfall veraltet ist.

Viele Informationsquellen können nicht in gedruckter Form auf Papier bezogen werden, da sie sonst bei Drucklegung bereits veraltet wären. Diese Informationsquellen werden in Form von elektronischen Texten über die internationalen Computernetze verteilt. Da diese Textfiles von Virenforschern auf der ganzen Welt geschrieben werden und diese Informationen für die ganze Welt bestimmt sind, sind diese Textfiles nur in englischer Sprache erhältlich.

Zum Empfang von solchen "elektronischen Zeitschriften" benötigt man nur ein Modem mit entsprechendem Terminalprogramm. Man wählt sich in eine Mailbox ein, die an ein solches Filenetz (wie z.B. das FIDO Netz, VirNet, InterNet, BitNet) angeschlossen ist und kann dann die neuesten Computervireninformationen "downloaden". Dies gilt auch für Anti-Viren-Software. Mit die besten Anti-Viren-Programme können als Shareware Programme in vielen guten Mailboxen abgerufen werden.

12.4.1 Computer Virus Katalog

Der "Computer Virus Katalog" wird vom Virus Test Zentrum Hamburg herausgegeben. Hier handelt es sich um einen elektronischen Text. Der Text enthält eine sehr technikbezogene Beschreibung der Computerviren für verschiedene Computersysteme wie MS-DOS, Mac, Amiga, Atari ST, UNIX. Leider ist der MS-DOS Bereich nicht immer ganz komplett. Der Text kann nur bei der Universität Hamburg abgerufen werden, unter anonymous ftp aus ftp.informatik.uni-hamburg.de   (IP=134.100.4.42),   directory pub/virus/texts/catalog.

12.4.2 Virus Summary List VSUM

"Virus Summary List", "VSUM" von Patricia Hoffman ist wohl eine der größten und umfangreichsten Informationssammlungen, die zur Zeit erhältlich ist. VSUM wird nur auf elektronischem Wege verbreitet und muß deshalb mittels Modem in einer Mailbox abgerufen werden. Bei VSUM handelt es sich um ein Shareware Programm, das in der Regel jeden Monat ergänzt und neu über die File Netze verbreitet wird. VSUM beschreibt nur MS-DOS Computerviren. Leider ist VSUM stellenweise etwas ungenau oder fehlerhaft. Man sollte auf alle Fälle noch eine zweite Informationsquelle benutzen.

12.4.3 Virus Bulletin

Die dritte Quelle ist das "Virus Bulletin". Es veröffentlicht in regelmäßigen Abständen sehr detaillierte technische Informationen über Computerviren. Leider ist es sehr teuer und kann in Europa nur über ein Abonnement bezogen werden. Der Abonnementpreis in den USA beträgt ca. 350 US$ für ein Jahr.

12.4.4 Computer Virus Report

Eine weitere gute Informationsquelle für MS-DOS Computerviren ist der "Computer Virus Report" der National Computer Security Association. Der Report wird regelmäßig ergänzt und ist relativ komplett. Eine Ausgabe kostet ca. 75 US$.

12.4.5 Disinfectant für Apple MacIntosh

Die beste Informationsquelle für Apple MacIntosh Viren ist die On Line Dokumentation, die mit dem Anti-Viren-Programm Disinfectant mitgeliefert wird.

12.4.6 Virus L Digest

"Virus L Digest" Files sind ein englischsprachiges Diskussionsforum, das weltweit über Filenetze verteilt wird. Dort werden die neuesten Computerviren sowie Probleme mit Computerviren besprochen.

12.4.7 Valert L

"Valert L" ist eine Informationsquelle, die nur der schnellen Verbreitung von Viruswarnungen vorbehalten ist. Es finden dort keinerlei Diskussionen statt. Valert L wird während der normalen Arbeitszeit (USA Ostküste, GMT -5/GMT -4) von einem Moderator überwacht, der, wenn eine neue Warnung eintrifft, diese sofort in die Filenetze zur Weiterverbreitung eingibt.

12.4.8 VIRUS.GER

Im FIDO-Netz gibt es in Deutschland dann noch die Diskussionsrunde VIRUS.GER. Man kann diese Diskussionsrunde in jeder Mailbox, die an das FIDO-Netz angeschlossen ist, abrufen oder beim SysOp anfordern. Das Diskussionsforum VIRUS.GER ist in deutscher Sprache.

12.4.9 VIRUS, VIRUS_INFO & DIRTY_DOZEN

Ebenfalls im FIDO-Netz gibt es die internationalen Diskussionsforen Virus, Virus_Info und Dirty_Dozen. Für diese Diskussionsforen gilt das gleiche wie für das Diskussionsforum VIRUS.GER. Für alle drei Diskussionsforen gilt nur die englische Sprache.

12.4.10 Virus News International

Eine weitere Informationsquelle ist die Zeitschrift "Virus News International", die von S & S International herausgegeben wird, sowie die Zeitschrift "Computers & Security". Diese Zeitschrift berichtet allerdings nicht nur über Computerviren, sondern auch über andere Sicherheitsprobleme mit Computern.

12.4.11 Dokumentation Dr. Solomon´s Anti Virus Toolkit

Die beste Dokumentation wird mit dem Anti-Viren-Programm "Dr. Solomon´s Anti Virus Tool Kit" mitgeliefert. Diese Dokumentation ist kompletter als der "Computer Virus Katalog" und genauso präzise, wenn nicht sogar noch präziser. Es werden allerdings nur MS-DOS Viren darin aufgeführt. Da es sich hier um ein kommerzielles Anti-Viren-Programm handelt, muß das Programm gekauft werden, um in den Besitz der Dokumentation zu kommen.

12.4.12 CompuServe

Im kommerziellen Bereich kann man viele Informationen über den international tätigen Datendienst CompuServe bekommen, indem man "Go Virusforum" eingibt. Die dort erhältlichen Informationen sind in englischer Sprache gehalten, und der Abruf der Informationen kostet in der Regel Geld.

Des weiteren sind in den internationalen Filenetzen viele Informationstextdateien jeglicher Art zum Thema Computerviren erhältlich.

12.5 Anti Viren Adressliste

Abacus
5370 52nd St., SE
Grand Rapids, MI   49512
USA
      800-451-4319
      616-698-0330
fax: 616-698-0325
Computer Viruses and Data Protection, Ralf Burger, 1-55755-123-5

A.C.C Inc.
West Orange, New Jersey, 07052
USA
Contact Wendy Schwartz
      1-201-325-7985 or 1-201-736-7109
fax# 1-516-378-6124
V-Phage hard disk write protect

Sandy Jenish, Dave Reid (VP Marketing)
Advanced Gravis Computer Technology
7033 Antrim Avenue
Burnaby, B. C.
V5J 4M5
                  604-434-7274
Telecopier: (604) 434-7809
Advanced Security for PC and Mac

American Eagle Publications
P. O. Box 41401
Tucson, Arizona   85717
USA
602-888-4959
The little black book of computer viruses, Mark Ludwig

Antivirus Methods Congress
Dick Lefkon
New York University
dklefkon@well.sf.ca.us

Borland/Ashton-Tate
20101 Hamilton Ave.
Torrance, CA   90509-9972
USA
213-329-9989
or
Department CR-10
52 Oakland Avenue
East Hartford CT 06108
Control Room system management package with antiviral utility

ASP Press
PO Box 81270
Pittsburgh, PA   15217
USA
412-422-4134
cohen@fitmail.fit.qut.edu.au (Fred Cohen)
Fred Cohen's books

Autrec Inc.
4305 - 40 Enterprise Drive, Suite A
Winston-Salem, NC   27106
USA
(919) 759-9493
PC-SAFE II half card security board

Bantam Books
666 Fifth Ave.
New York, NY   10103
USA
V.I.R.U.S. Protection, Pamela Kane, 0-553-34799-3

Brightwork Development Inc.
766 Shrewsbury Ave.
Jerral Center West
Tinton Falls, NJ 07724 USA
        201-530-0440
        800-552-9876 (US only)
fax: 201-530-0622
Sitelock, Novell add-on operation restricting software

British Computer Virus Research Centre
12 Guildford Street, Brighton, East Sussex, BN1 3LS, England
Tel: 0273-26105
Joe Hirst
Virus Simulation Suite, Eliminator/Virus Monitor/Virus Clean

Laboratory of Computer Virology
Bulgarian Academy of Science
Address: Bulgaria,
Sofia 1113
acad. G. Bontchev str. bl.8 rm. 104
tel: +359-2-719212
bbs: +359-2-737484 (9600bps)
Assen Sharlandjiev
EUnet: assen@virbus.bg
FidoNet: 2:359/110@fidonet.org

Canadian Information Processing Society (CIPS)
Alana Foster, Newsletter Editor
c/o Central Guaranty Trust
1770 Market St., 6th Floor
Halifax, Nova Scotia
B3J 1N2
fax: (902) 422-9290

Carmel Software Engineering
EPG International
Hans-Stiessberger-Strasse 3
D-8013 Haar bei München
Turbo Anti-Virus Set, scanner vaccine and change checker

CARO = Computer Antivirus Research Organisation
Vesselin Bontschev (used to be Academy of science in Sofia, now University of Hamburg)
Christoph Fischer (University of Karlsruhe Micro-BIT Virus Center)
Fridrik Skulason (University of Reykjavik)
Morton Swimmer (University of Hamburg)
Michael Weiner (University of Vienna)
Dr. Alan Solomon (S & S International, UK)
Prof. Klaus Brunnstein (University of Hamburg)
Christoph Fischer
Micro-BIT Virus Center
University of Karlsruhe
Zirkel 2
W-7500 KARLSRUHE 1
Germany
+49 721 376422 Phone
+49 721 32550 FAX
email: ry15@rz.uni-karlsruhe.de

Central Point Software
15220 N. W. Greenbrier Parkway #200
Beaverton, OR   97006
USA
503-690-8088
800-445-4064
Central Point Anti-Virus

Certus International
13110 Shaker Square
Cleveland, Ohio   44120
USA
        216-752-8181
        216-752-8183 Technical Support
BBS 216-752-8134
fax   216-752-8188
        800-722-8737
Mike Mytnick, Cleveland
Michael Blumenfeld (404)434-1858
Peter Trippett, 4295370 on MCI mail

Cheyenne Software
55 Bryant Avenue
Roslyn, NY   11576
USA
800-243-9462
516-484-5110
InocuLAN

Computer Emergency Response Team
Kenneth R. van Wyk
Moderator VIRUS-L/comp.virus
Technical Coordinator, Computer Emergency Response Team
Software Engineering Institute
Carnegie Mellon University
krvw@CERT.SEI.CMU.EDU (work)
ken@OLDALE.PGH.PA.US   (home)
(412) 268-7090 (CERT 24 hour hotline)

Computer Security Connection (CSC)
National Security Associates, Inc. (NSAi)
mbrsvcs @ incomsec.org
FAX 703-758-8338

Computer Technologies NZ
PO Box 3598
Wellinton, New Zealand
Jeremy Buckley jerry@tornado.gen.nz
jerry%tornado.gen.nz@mailhost.comp.vuw.ac.nz
Simon McAuliffe sai@tornado.gen.nz
NOVASAFE

COMRAC
Victor Smith
       31 2503 21388
BBS 31-3200-48835, Virus Rescue, Node: 2:282/401, 9:310/2
or   31-3200-48831, Paradise Island
Gobbler II scanner

Cybec
Roger Riordan
PO Box 82
Hampton,
Vic.
3188 Australia
Tel.   03 521-0655
Fax. 03-521-0727
VET antiviral

CyberSoft
210 West 12th Avenue
Conshohocken, PA 19428-1464
(215) 825-4748 FAX (215) 825-6785
VFIND UNIX antiviral

Cylink
110 S. Wolfe Road
Sunnyvale, CA 94086
USA
          408-735-5800
telecopier: 408-738-8269
SecurePC - half card DES encryptor

PROGRAM CHAIRPERSON: DPMA Virus Conference, 1991
Richard G. Lefkon
NYU, DPMA Fin. Ind. Ch.
609 West 114th Street
New York, NY 10025
(212) 663-2315

Data Fellows Ltd
Wavulinintie 10
SF-00210 Helsinki, FINLAND
tel   +358-0-692 3622
fax   +358-0-670 156
Ari Hypponen, hyde@ngs.fi
Data security consulting (Unix, MS-DOS, Macintosh, LANs)
Anti-virus consulting
George Davidsohn and Son Inc.

20 Exchange Place, 27th Floor
New York, NY   10005
USA
           212-422-4100
Telecopier 212-422-1953
warren@worlds.com
Vaccine Version 5.00 - Anti-Viral Software.

DECUS Canada Security SIG
Robert Slade, Editor
3118 Baird Road
North Vancouver, BC
V7K 2G6

Delta Base Enterprises
9800A - 140th St.
Surrey, B. C. V3T 4M5
           604-582-1592
Fax: (604) 582-0101
CIS#   72137,603
Bangkok Security Associates
BBS: 662-255-5981
Computer Security Associates
           (803)-796-1935
Lannatec Associates Inc,
166 Anna Avenue,
Ottawa, Ont. K1Z 7V2
(613)-724-5978.
Victor Charlie 5.0 - change detection

Digital Dispatch, Inc.
55 Lakeland Shores Road
Lakeland, Minn   55043-9601
612-436-1000
800-221-8091
Antigen, Data Physician, Novirus-Anti-viral software

Director Technologies Inc.
906 University Place
Evanston, IL   60201
USA
Disk Defender-Half-Slot Virus Write-Interrupt Device

EICAR = European Institute of Computer Antivirus Research
The address of the secretariat will be in Belgium. As an interim
solution you might contact CARO.

EliaShim Microcomputers
520 W. Hwy. 436, #1180-30
Altamonte Springs, Florida
USA
        407-682-1587
fax: 407-869-1409
VirusSafe - TSR-Scanner (cf ComNETco?)

 Fischer International Systems Corporation
4073 Merchantile Avenue;
Naples, Florida 33942.
Watchdog

Foley Hi-Tech Systems
172 Amber Drive
San Francisco, CA 94131
(415) 826-6084
(415) 826-1707 BBS
(415) 826-1706 FAX
Safety Disk

Gee Wiz Software Company
c/o Mrs. Janey Huie
10 Manton Avenue
East Brunswick, NJ   08816
USA
Dprotect-Anti-Trojan Software

Patricia M. Hoffman
3333 Bowers Ave Suite 130
Santa Clara, CA 95054, USA
Tel. :   1-408-988-3773
FAX :   1-408-988-2438
BBS :   1-408-244-0813
             75300.3005@compuserve.com
Virus Summary Document
also distributed by:
Roger Aucoin
Vacci Virus
84 Hammond Street
Waltham, MA 02154
Voice: 1-617-893-8282
FAX :   1-617-969-0385

IBM High Integrity Computing Lab
Thomas J. Watson Research Center
P. O. Box 218
Yorktown Heights, New York
USA 10598
Bill Arnold, author
David Chess CHESS@YKTVMV.IBM.COM,
CHESS@YKTVMV.BITNET
VIRSCAN
Note - customers should contact IBM rep, not HICL directly

Intel Corp.
3065 Bowers Ave.
Santa Clara, CA   95051
USA
             503-629-7000
BBS: 503-645-6275
             44-793-432-955
Fax: 800-458-6231
             503-629-7580
             44-793-431-166
LANProtect 1.0

International Microcomputer Software Inc. (IMSI)
1938 Fourth Street
San Rafael, CA 94901
USA
     415-454-7101
     800-833-4674
BBS 415-454-2893
VirusCure Plus

Computer Virus Info Group
Information Security Research Centre
Faculty of Information Technology
Queensland University of Technology
Box 2434 Brisbane 4001 AUSTRALIA
Phone: +61 7 864-2111
Fax: +61 7 864-1507
Wayne Boxall
boxall@fitmail.fit.qut.edu.au
boxall@qut.edu.au
864-2095

International Computer Security Association (ICSA)
National Computer Security Association (NCSA)
Suite 33, 5435 Connecticut Avenue NW
Washington, DC   20015
USA
David Stang
     800-488-4595
     202-364-8252
fax: 202-364-1320
     75300.3104@CompuServe.COM (Charles Rutstein)
     75300.2673@CompuServe.COM (David Stang)
Virus News and Reviews journal
"Executive Guide to Computer Viruses" ($24.95) and various
publications
Programs - Virus Analysis Toolbox, ViruSchool and V-Base

International Computer Virus Institute
1257 Siskiyou Boulevard, Suite 179
Ashland, OR   97520
USA
      503-488-3237
      503-482-3284
BBS 503-488-2251
Eliminator anti-viral, virus simulators plus books and consulting

International Security Technology Inc.
515 Madison Avenue, #3200
New York, NY   10022
USA
212-288-3101
Virus-Pro

IP Technologies
3710 S. Susan St., #100
Santa Ana, CA   92704
USA
714-545-9001
Virus Guard

Johnson Computer Systems, Inc.
20 Dinwiddie Place
Newport News, Virginia 23602
(804) 872-9583
PCVAULT software write protection

Laboratory of Computer Virology
Bulgarian Academy of Sciences
ul. Acad. G. Bontchev, bl. 8, rm. 104
1113, Sofia, Bulgaria
Phone: +359-2-719212
BBS: +359-2-737484 (Virus Busters)
FidoNet: 2:359/110
EUnet: user@virbus.uucp

LeeMah DataCom Security Corp.
3948 Trust Way
Hayward, CA   94545
USA
415-786-0790

Stephen A. Lentz
(602) 274-8001
working with Hal Becker (602) 841-0962
U.S. patent 4,975,950
"System and Method of Protecting Integrity of Computer Data and
Software"

Leprechaun Software Pty Ltd
PO Box 134
Lutwyche Queensland 4003
Australia
Lindsay Hough +61 7 2524037
Leprechaun International
2284 Pine Warbler Way
Marietta Georgia 30062 USA
        404 971 8900
fax   404 971 8988
Roger Thompson home 404-509-7314
Wanikas Software Inc.
Suite 4, 60 St. Claire Ave. W.
Toronto, Ont.
M4V 1M7
        (416) 920-5006
Fax: (416) 920-0778
Virus Buster

Look Software
Cliff Livingstone
Ottawa, Ontario
613-820-9450
Start - VIRUSCAN front end

Paul Mace Software
400 Williamson Way
Ashland, OR   97520
USA
tech support   503-488-0224
fax: 503-488-1549
sold and supported through:
Fifth Generation Systems, Inc.
10049 N. Reiger Rd.
Baton Rouge, Louisiana
USA   70809
              800-677-1848
              1-800-873-4384 sales and info
              504-291-7283 tech support
              504-291-7221 admin
telecopier: 504-292-4465
Mace Vaccine-Anti-viral software.

McAfee Associates
3350 Scott Blvd, Bldg 14
Santa Clara, California
95054-3107 USA
Voice   (408) 988-3832
FAX   (408) 970-9727
BBS   (408) 988-4004
CompuServe ID: 76702,1714 or GO VIRUSFORUM
Viruscan-Scans disk and RAM for viri.
Morgan Schweers - mrs@netcom.com
Aryeh Goretsky,Tech Support
aryehg@darkside.com
mcafee@netcom.com

Mike McCune
MMCCUNE@SCTNVE...<MM>.
FTP from mibsrv.mib.eng.ua.edu in pub/ibm-antivirus/innoc.zip
INNOC Boot Virus Immunizer, boot sector overlay renders non-
booting

Microcom Software Division
3700-B Lyckan Parkway
Durham, NC   27717
USA
also Norwood, MA
              919-490-1277
              800-822-8224
BBS: (919) 419-1602
Virex-PC, also Virex for Mac - scanner
Mary Golden-Hughes
Glenn Jordan - beta list Fidonet: 1:155/223
Jordan C. Glenn -- Microcom <trent@rock.concert.net>
cynic!van-bc!rock.concert.net!trent

Micronyx Inc
1901 N. Central Expressway
Richardson, TX
USA   75080
      800-634-8786
fax: 214-690-0595
Triumph security package (PC and LAN)

Microseeds Publishing, Inc.
5801 Benjamin Center Drive, Suite 103
Tampa, Florida 33634
USA
813-882-8635
Authors Frederic Miserey and Jean-Michel Decombe from France
Rival Mac antiviral

National Institute of Standards and Technology (NIST)
Computer Security Division
A-216 Technology
Gaithersburg, MD 20899 USA
       301-975-3359
Fax: 301-590-0932
BBS: 301-948-5717
EMail: csrc@nist.gov
Personnel and email addresses:
Dennis D. Steinauer, DSteinauer@nist.gov
Lawrence Bassham, LBassham@nist.gov
W.T. Polk, WPolk@nist.gov
John Wack, JWack@nist.gov
Marianne Swanson, MSwanson@nist.gov (BBS Sysop)

Nemesis
Am Rain 8b
D-7512 Rheinstetten 2
Karlsruhe, Germany
Virus Help Service
49-721-821355 Sysop: Robert Hoerner Fido 2:241/7518
Virus Research Center
49-721-28780 Sysop: Mirko Ketterer Cosysop : Christian Sy
Fido 2:241/7516
Nemesis activity monitor

John Norstad
Academic Computing and Network Services
Northwestern University
2129 Sheridan Road
Evanston, IL 60208 USA
j-norstad@nwu.edu
Disinfectant for Mac - archived at ftp.acns.nwu.edu (129.105.113.52)

Ontrack Computer Systems Inc.
6321 Bury Dr.
Eden Prairie, MN   55346
USA
612-937-1107
Steve Hill
Head of Anti-Virus research
Bob Bower, sales, ext. 234
1-800-752-1333
Ciprico, Inc. Plymouth, MN 55441
samurai@cipric.mn.org (Steve A. Hill)
cynic!van-bc!uunet!rosevax!cipric!samurai
Dr. Solomon's Antivirus Toolkit

Osborne/McGraw-Hill
2600 Tenth St.
Berkeley, CA   94710
USA
The Computer Virus Handbook, Richard B. Levin, 0-07-881647-5

Panda Systems
801 Wilson Road
Wimington, DE   19803
USA
800-727-2632
(302)764-4722
Dr. Panda Utilities, BEARTRAP, Panda Pro - Anti-Viral Software
PSKane@Dockmaster.ncsc.mil or 0003607248@mcimail.com

PanSoft Software & Support,
P.O. Box 12-292,
Christchurch,
NEW ZEALAND.
author Peter Johnson,
52A Dyers Pass Road,
Christchurch, 2,
NEW ZEALAND
phone (064) 3 3322-727
IMMUNISE & SCANBOOT

Parsons Technology
375 Collins Road NE
Cedar Rapids, IA   52402
One Parsons Dr.
PO Box 100
Hiawatha, IA   52233-0100
USA
800-223-6925
319-395-9626
Virucide

PC Guardian Security Products
118 Alto Street
(1133 E. Francisco Blvd., Suite D?)
San Rafael, CA 94901
Phone: 415-459-0190
Fax: 415-459-1162
Noah Groth, President
Dan Marley   800-288-8126
Brett Fhuere   800-882-7766
Virus Prevention Plus

Penn State University
Penn State Virus Committee
Chair - Gerry Santoro - 814-863-7896

A. Padgett Peterson, Computer Network Security
Orlando
(407)356-4054, 6384 work
(407)356-2010 FAX
POB 1203
Windermere, FLA, 34786
(407)352-6007
cynic!van-bc!uvs1.orl.mmc.com!tccslr.dnet!padgett
padgett%tccslr.dnet@uvs1.orl.mmc.com [host unknown]
padgett%tccslr.dnet%mmc.com@cunyvm.cuny.edu
cynic!van-bc!uvs1.orl.mmc.com!tccslr.dnet!padgett@dinl.den.mmc.com
uvs1.orl.mms.com!padgett%tccslr.dnet@cs.utexas.edu
DISKSECURE, SafeMBR, FixMBR

PKWare, Inc.
7545 North Port Washington Road
Glendale, WI   53217-3442
USA
PKZIP, PKSFX-File compression utilities with encryption option

Jonathan Potter
P.O. Box 289
Goodwood, SA 5034
Australia
(08) 2932788
ZeroVirus for Amiga

Prime Factors
1470 East 20th Avenue
Eugene, OR   97403
USA
VI-Raid-Anti-Viral Software

Publisher One
Baltimore, Maryland
Chris Fuedo - HU349C%GWUVM.BITNET@gwuvm.gwu.edu
The Complete VIRUS Desk Reference

RG Software Systems Inc
6900 East Camelback Road
Suite 630
Scottsdale AZ 85251
        +1 602 423 8000
FAX (602) 423-8389
BBS (602) 970-6901
Ray Glath <76304.1407@CompuServe.COM>
Diskwatcher 2.0, ViSpy, Virus Bulletin subscriptions

Ross Greenburg
Software Concepts Design
594 Third Avenue
New York, NY   10016
USA
              212-889-6431
BBS: 212-889-6438
Flushot-Anti-Viral Software.

S&S International Ltd.
Berkley Court, Mill Street
Berkhamsted, Herts. HP2 4HB
England
Phone: +44 442 877 877
Fax: +44 442 877 882
BBS: +44 494 724 946
            442 877 883
E-Mail: Dr. Alan Solomon <DRSOLLY@IBMPCUG.CO.UK>
sands@cix.compulink.co.uk
Dr. Solomon's Anti-Virus Toolkit
Vendor: Markt & Technik Software Partners GmbH
Hans-Pinsel Strasse 9b
8013 Haar
Germany
Phone: +49 89 46 09 00 92
Fax: +49 89 46 09 00 95

St. Martin's Press
175 Fifth Ave.
New York, NY   10010
USA
Computer Viruses, Worms, Data Diddlers, Killer Programs and Other
Threats to Your System: what they are, how they work and how to
defend your PC, Mac or mainframe, John McAfee and Colin Hayes,
1989, 0-312-02889-X

Tommy Pedersen
SECTRA
Teknikringen 2
S-583 30 Linkoping
SWEDEN
Telephone: +46 13 235214
                  +46 13 235200
FAX: +46 13 212185
Telephone: +46 13 282369
FAX: +46 13 289282
tommyp@sectra.se
tommyp@isy.liu.se
TCell unix change checker

Securkey Systems Inc.
1674 Eglington Ave. West
Toronto, Ontario
M6E 2H3
        (416) 784-2883
fax: (416) 784-0338
telecommunications encryption interface, DES/MAC keys

Alexander Shehovtsov
(044) 266-70-28 (9:00 - 18:00 Kiev, Ukraine) voice
als@vl.ts.kiev.ua
FidoNet 2:463/30.5 or 2:463/34.4
RLOCK software write protection

Fridrik Skulason
Box 7180
IS-127 Reykjavik
Iceland
frisk@complex.is
F-PROT-Virus detection/protection/disinfection and utilities

Sophco
P.O. Box 7430
Boulder, CO   80306
USA
Vaccinate-Anti-Viral Software

Sophos Limited
21 The Quadrant
Abingdon Science Park
Abingdon, Oxfordshire   OX14 3YS
UK
       (0235) 559933
fax: (0235) 559935
Vaccine-Anti-Viral Software

Swarthmore Software Systems
526 Walnut Lane
Swarthmore, PA   19081
USA
Bombsquad, Check-4-Bomb-Anti-Trojan software

Stiller Research
2625 Ridgeway St.
Tallahassee, FL 32310
Advanced Support Group (ASG) at
               1-900-88-HELP8 (1-900-884-3578)
or   314-256-3130
               72571.3352@compuserve.com
Runway BBS   (215) 623-6203 2400 baud
               (215) 623-4897 HST
               (215) 623-6845 V.32
Integrity Master change detection software

Sybex
2021 Clallenger Dr., #100
Alameda, CA   94501
USA
Computer Virus Protection Handbook, Colin Hayes, 1990,
0-89588-696-0

Sydex BBS
Eugene, Oregon
USA
503-683-1385
Prune v2.1 utility

Symantec/Peter Norton
10201 Torre Avenue
Cupertino, CA   95014
USA
                          408-253-9600
                          800-343-4714
                          800-441-7234
                          408-252-3570
                          416-923-1033
Technical Support: 213-319-2020
Virus Newsline: 408-252-3993
Virus Faxline: 213-575-5018
BBS: 408-973-9598
Fax: 408-253-4092 and 252-4694
Telex: 9103808778
Compuserve: NORUTL
Jimmy Kuo   cjkuo@ccmail.norton.com
Norton AntiVirus and Norton Utilites

TAB/Windcrest Books
Blue Ridge Summit, PA   17294-0850
USA
Computer Viruses, Jonathon L. Mayo, 1989, 0-8306-3382-0

Tacoma Software Systems
7526 John Dower Road W.
Tacoma, WA 98467
VIRSTOP 1.05

Tita Electroniks
PCVP Support Center
Roggekamp 416
2592 VH The Hague
Netherlands
Tel.: +31 7038 36044
Fax: +31 7034 71256
BBS: +31 7038 57867
PC Vaccine Professional

Thecia Systems Ltd,
Lasada House,
BRIGHTON
BN1 4ED
United Kingdom
Tel: +44 273 623500
Fax: +44 273 623700
Eliminator

Harry Thijssen
P.O. Box 662
6400 AR Heerlen
The Netherlands
INFOdesk The Hague FIDO 2:512/2.7 +31-70-3898822
HTScan scanner

Tomauri Inc.
30 West Beaver Creek Road, Unit 13
Richmond Hill, Ontario
L4B 3K1
                        416-886-8122
Telecopier: 416-886-6452
PC Guard - password protection board, also for Mac

Trend Micro Devices Inc.
2421 W. 205th St., #D-100
Torrance, CA   90501
USA
            310-782-8190
fax: 310-328-5892
BBS: 310-320-2523
            800-228-5651
PC-cillin - program change detection hardware/software

Tripwire
genek@mentor.cc.purdue.edu
Tripwire UNIX security software

University of Cincinnati
Dep't. of Computer Engineering
Mail Loc. 30 - 898 Rhodes Hall
Cincinnati, OH   45221-0030
USA
Cryptographic Checksum-Anti-Viral software

Van Nostrand Reinhold
115 Fifth Ave.
New York, NY   10003
The Computer Virus Crisis, Fites/Johston/Kratz, 1989, 0-442-28532-9
Rogue Programs, edited Lance Hoffman, 1990, ISBN 0-442-00454-0

Vancouver Institute for Research into User Security
3118 Baird Road
North Vancouver, B. C.
V7K 2G6
604-984-4067 (Robert Slade, home)
virus research archives, seminars, vendor contact list, product
reviews, consulting

Tarkan Yetiser
VDS Advanced Research Group
P.O. Box 9393
Baltimore, MD 21228
           (410) 247-7117
e-mail: tyetiser@ssw02.ab.umd.edu
VDS 2.1 change detector and scanner

Frans Veldman
ESaSS B.V.
P.o. box 1380
6501 BJ Nijmegen
The Netherlands
Tel: 31 - 80 - 787 771
Fax: 31 - 80 - 777 327
Data: 31 - 85 - 212 395
               (2:280/200 @fidonet)
c/o Jeroen W. Pluimers/Smulders
P.O. Box 266
2170 AG Sassenheim
The Netherlands
work: +31-71-274245   9.00-17.00 CET
home: +31-2522-11809 19:00-23:00 CET
email: 2:281/521 or 2:281/515.3
email: PLUIMERS@HLERUL5.BITNET
               FTHSMULD@rulgl.LeidenUniv.nl
               ugw.utcs.utoronto.ca!rulgl.LeidenUniv.nl!FTHSMULD
or Calmer Software Services
361 Somerville Rd
Hornsby Heights NSW 2077, AUSTRALIA.
Ph   +61 2 4821715,
BBS   +61 2 4821716
TBSCAN, TBRESCUE, TBSCANX, Thunderbyte card

Mikael Larsson
Virus Help Centre
Box 7018
S-81107 SANDVIKEN
SWEDEN
Phone :   +46-26 100518
Fax :   +46-26 275720
BBS :   +46-26 275710 (HST)
FidoNet :   2:205/204
VirNet :   9:461/101
SigNet :   27:5346/108 (soon)
Email :   vhc@abacus.hgs.se

Virus Test Center, Faculty for Informatics
University of Hamburg
Schlueterstr. 70
D2000 Hamburg 13
Germany
Prof. Dr. Klaus Brunnstein, Simone Fischer-Huebner
Contact: Margit Leuschner (VTC, secretary)
Tel: (040) 4123-4158 (KB), -4175 (SFH), -4162 (ML)
Email (EAN/BITNET): brunnstein@rz.informatik.uni-hamburg.dbp.de
Computer Virus Catalog (MS-DOS, Mac, Amiga and Atari)

Jim Wright
<jwright@cfht.hawaii.edu>
Maintains and distributes list of anti-viral archive and ftp sites

XTree Co.
4115 Broad Street, Building 1
San Luis Obispo, CA   93401-7993
USA
        800-477-1587
        805-541-0604
fax: 805-541-4762
ViruSafe - scanner and "bait" program

12.6 Anti Virus Archive im InterNet

Der Leser, der eine Zugangsberechtigung (Account) zum InterNet hat, kann sich Anti-Virus-Programme in den folgenden Rechnern unter den folgenden Adressen downloaden.

12.6.1 Amiga Anti-viral archive sites

eugene.utmb.edu
John Perry <perry@phil.utmb.edu>
This site can be reached through anonymous ftp.
The Amiga anti-viral archives can be found in the directory
/pub/virus-software/amiga.
The IP address is 129.109.1.21.
A backup site is maintained at beach.utmb.edu, IP address 129.109.1.207. Look in [ANONYMOUS.PUB.VIRUS.AMIGA].

ms.uky.edu
Sean Casey <sean@ms.uky.edu>
Access is through anonymous ftp.
The Amiga anti-viral archives can be found in /pub/amiga/Antivirus.
The IP address is 128.163.128.6.

uk.ac.hensa.micros
HENSA/micros Managers <hensa@uk.ac.hensa.micros>
Terminals: host uk.ac.hensa.micros, user "hensa", password "hensa"
NIFTP: host uk.ac.hensa.micros, user "hensa", password "hensa"
FTP: host micros.hensa.ac.uk, user "hensa", password "hensa"
Software archive for UK higher education sector. Anti-Viral stuff is not collected into a distinct area. Hostname is in UK format.
(This site previously known as uk.ac.lancs.pdsoft.)

12.6.2 Apple II Anti-viral archive sites

brownvm.bitnet
Chris Chung <chris@brownvm.bitnet>
Access is through LISTSERV, using SEND, TELL and MAIL commands. Files are stored as apple2-l xx-xxxxx where the x's are the file number.

uk.ac.hensa.micros
HENSA/micros Managers <hensa@uk.ac.hensa.micros>
Terminals: host uk.ac.hensa.micros, user "hensa", password "hensa"
NIFTP: host uk.ac.hensa.micros, user "hensa", password "hensa"
FTP: host micros.hensa.ac.uk, user "hensa", password "hensa"
Software archive for UK higher education sector. Anti-Viral stuff is
not collected into a distinct area. Hostname is in UK format.
(This site previously known as uk.ac.lancs.pdsoft.)

12.6.3 Atari ST Anti-viral archive sites

atari.archive.umich.edu
Jeff Weiner <weiner@atari.archive.umich.edu>
Service via FTP and mail, FTP preferred.
Login as "anonymous", password is your mail address.
For instructions on the mail server, send the message help to
<atari@atari.archive.umich.edu>
"Index" contains complete listing with descriptions.
"CompInd.Z" contains same list but is compressed.
"ls-lR.Z" contains compressed ls -lR listing.
All anti-viral material is contained in ~atari/utilities/virus
The IP number for this site is 141.211.164.8, but may change.

twitterpater.Eng.Sun.COM
Steve Grimm <koreth@twitterpater.Eng.Sun.COM>
Access to the archives is through mail server.
For instructions on the archiver server, send help to
<archive-server@twitterpater.eng.sun.com>

uk.ac.hensa.micros
HENSA/micros Managers <hensa@uk.ac.hensa.micros>
Terminals: host uk.ac.hensa.micros, user "hensa", password "hensa"
NIFTP: host uk.ac.hensa.micros, user "hensa", password "hensa"
FTP: host micros.hensa.ac.uk, user "hensa", password "hensa"
Software archive for UK higher education sector. Anti-Viral stuff is
not collected into a distinct area. Hostname is in UK format.
(This site previously known as uk.ac.lancs.pdsoft.)

12.6.4 Anti-viral Documentation archive sites

cert.org
Kenneth R. van Wyk <krvw@cert.org>
Access is available via anonymous ftp, IP number 192.88.209.5.
This site maintains archives of all VIRUS-L digests, all CERT
advisories, as well as a number of informational documents.
VIRUS-L/comp.virus information is in:
pub/virus-l/archives
pub/virus-l/archives/predig
pub/virus-l/archives/1988
pub/virus-l/archives/1989
pub/virus-l/archives/1990
pub/virus-l/archives/1991
pub/virus-l/archives/1992
pub/virus-l/docs
pub/virus-l/docs/reviews

CERT information is in:
pub/cert_advisories
pub/cert-tools_archive

csrc.ncsl.nist.gov
John Wack <JWack@nist.gov>
This site is available via anonymous ftp, IP number 129.6.54.11.
The archives contain all security bulletins issued thus far from
incident response teams (CERT, CIAC, FIRST members). It also
contains many security-related publications and resource information
about viruses and other threats, as well as archives of VIRUS_Ls and
RISK forums. The NIST computer security BBS is also accessible
from this system by logging in to account 'bbs'.

lehiibm1.bitnet or ibm1.cc.lehigh.edu
Ken van Wyk <LUKEN@LEHIIBM1.BITNET>new:<krvw@cert.org>
This site has archives of VIRUS-L. Access is through ftp, IP address
128.180.2.1   or   by   e-mail   to   LISTSERV@LEHIIBM1
(or LISTSERV@ibm1.cc.lehigh.edu). The directory of interest is
VIRUS-L.

uk.ac.hensa.micros
HENSA/micros Managers <hensa@uk.ac.hensa.micros>
Terminals: host uk.ac.hensa.micros, user "hensa", password "hensa"
NIFTP: host uk.ac.hensa.micros, user "hensa", password "hensa"
FTP: host micros.hensa.ac.uk, user "hensa", password "hensa"
Software archive for UK higher education sector. Anti-Viral stuff is
not collected into a distinct area. Hostname is in UK format.
(This site previously known as uk.ac.lancs.pdsoft.)

unma.unm.edu
Dave Grisham <dave@unma.unm.edu>
This site has a collection of ethics documents. Included are legislation
from several states and policies from many institutions.
Access is through ftp, IP address 129.24.8.1. Look in the directory
/ethics.

12.6.5 IBM PC Anti-viral archive sites

eugene.utmb.edu
John Perry <perry@phil.utmb.edu>
This site can be reached through anonymous ftp.
The IBMPC anti-viral archives can be found in the directory
/pub/virus-software/pc. The IP address is 129.109.1.21.
A backup site is maintained at beach.utmb.edu, IP address
129.109.1.207. Look in [ANONYMOUS.PUB.VIRUS.PC].

garbo.uwasa.fi
Harri Valkama <hv@uwasa.fi>
This site can be reached through anonymous ftp and mail server.
The IBMPC anti-viral archives can be found in pc/virus.
For information on the mail server, send a message to
mailserv@garbo.uwasa.fi with the subject line "garbo-request" and the
body of the message "send help". The IP address is 128.214.87.1.

jaflrn.uucp
Jon Freivald <jaflrn!jaf@uunet.uu.net>
This site provides a mail-server for anti-virals (no ftp access).
For usage instructions, send a message to
jaflrn!mail-server@uunet.uu.net with the body of the message "help"
A list of all available files can be obtained with the line: "get index"

nic.funet.fi
Tapio Keihanen <tapio@nic.funet.fi>
This site (in Finland) can be reached through anonymous ftp.
The IBMPC anti-viral archives are in directory /pubb/msdos/utilities/trojan-pro. The IP address is 128.214.6.100.

risc.ua.edu
James Ford <JFORD@UA1VM.UA.EDU> <jford@risc.ua.edu>
This site can be reached through anonymous ftp.
The IBM-PC anti-virals can be found in pub/ibm-antivirus.
Uploads to pub/00uploads. Uploads are screened.
Requests to JFORD@UA1VM.BITNET for UUENCODED files will be filled on a limited basis as time permits.
The IP address is 130.160.4.7.

uk.ac.hensa.micros
HENSA/micros Managers <hensa@uk.ac.hensa.micros>
Terminals: host uk.ac.hensa.micros, user "hensa", password "hensa"
NIFTP: host uk.ac.hensa.micros, user "hensa", password "hensa"
FTP: host micros.hensa.ac.uk, user "hensa", password "hensa"
Software archive for UK higher education sector. Anti-Viral stuff is not collected into a distinct area. Hostname is in UK format.
(This site previously known as uk.ac.lancs.pdsoft.)

urvax.urich.edu
Claude Bersano-Hayes <hayes@urvax.urich.edu>
This site can be reached through anonymous ftp.
The IBM-PC anti-virals can be found in [MSDOS.ANTIVIRUS].
The IP address is 141.166.36.6.

ux1.cso.uiuc.edu
Mark Zinzow <markz@vmd.cso.uiuc.edu>
This site can be reached through anonymous ftp.
The IBMPC anti-viral archives are in /pc/virus.
The IP address is 128.174.5.59.

vmsa.technion.ac.il
Al Hartshorn <al@vmsa.technion.ac.il>
This site can be reached through anonymous ftp.
The IBMPC anti-viral archives can be found in the directory
[msdos.anti-vir]. This site provides a mirror for both wsmr-
simtel20.army.mil and garbo.uwasa.fi. No uploads are permitted at
this time. The IP address is 132.68.7.2.

wsmr-simtel20.army.mil
Keith Peterson <w8sdz@wsmr-simtel20.army.mil>
Direct access is through anonymous ftp, IP 192.88.110.20.
The anti-viral archives are in PD1:<MSDOS.TROJAN-PRO>.
Please get the file 00-INDEX.TXT and review it offline.

SIMTEL20 files are also available from mirror sites
OAK.Oakland.Edu (141.210.10.117), wuarchive.wustl.edu
(128.252.135.4), ftp.uu.net (137.39.1.9), nic.funet.fi (128.214.6.100),
src.doc.ic.ac.uk (146.169.3.7) or archie.au (139.130.4.6), by e-mail
through the BITNET LISTSERV and TRICKLE file servers, or by
uucp from UUNET's 1-900-GOT-SRCS. See UUNET file
uunet!~/info/archive-help for details on uucp access.

From Bitnet nodes in USA and Northnet nodes in Canada,
WSMR-SIMTEL20.Army.Mil can be accessed using LISTSERV
commands via LISTSERV@NDSUVM1 and LISTSERV@RPIECS.
Please address the LISTSERV closer to your location.

From Bitnet nodes in South America, Europe, Africa, and Asia,
WSMR-SIMTEL20.Army.Mil can be accessed via the TRICKLE
servers. Send the commands /HELP & /PDDIR <MSDOS.TROJAN-
PRO> either interactively, or in the body (not subject) of a mail item,
to the nearest of the following servers:

Location	Address
Chile	TRICKLE@USACHVM1
Colombia	TRICKLE@UNALCOL
Denmark	TRICKLE@DKTC11
Netherlands	TRICKLE@HEARN
Belgium	TRICKLE@BANUFS11
Germany	TRICKLE@DS0RUS1I
Austria	TRICKLE@AWIWUW11

France	TRICKLE@FRMOP11
Italy	TRICKLE@IMIPOLI
Turkey	TRICKLE@TREARN
Israel	TTRICKLE@TAUNIV
Taiwan	TRICKLE@TWNMOE10

12.6.6 Macintosh Anti-viral archive sites

dftnic.gsfc.nasa.gov
Brian Lev <lev@dftnic.gsfc.nasa.gov> <SDCDCL::LEV> <LEV@DFTBIT>
This site offers the "MacSecure" package, made up of John Norstad's Disinfectant, and a pair of locally developed HyperCard stacks: Joe McMahon's "Anti-Viral Doc" and Brian Lev's "MacHelper".
Floppy disk:
Advanced Data Flow Technology Office
Code 930.4
Goddard Space Flight Center
Greenbelt, MD 20771 (Attn: Brian Lev)

DECnet Copy from
DFTNIC::CLDATA:[ANONYMOUS_FTP.FILES.MAC]
BinHex (ASCII) format as MACSECURE31.HQX binary format as MACSECURE31.SEA
Anonymous FTP from DFTNIC.GSFC.NASA.GOV (128.183.10.3)
BinHex (ASCII) format as [.FILES.MAC]MACSECURE31.HQX binary format as [.FILES.MAC]MACSECURE3.SIT

eugene.utmb.edu
John Perry <perry@phil.utmb.edu>
This site can be reached through anonymous ftp.
The Macintosh anti-viral archives can be found in the directory /pub/virus-software/macintosh. The IP address is 129.109.1.21.
A backup site is maintained at beach.utmb.edu, IP address 129.109.1.207. Look in [ANONYMOUS.PUB.VIRUS.MAC].

ifi.ethz.ch
Danny Schwendener <macman@ethz.uucp>
Interactive access through DECnet (SPAN/HEPnet):
$SET HOST 57434 or $SET HOST AEOLUS Username: MAC
Interactive access through X.25 (022847911065) or Modem 2400 bps
(+41-1-251-6271): # CALL B050 <cr><cr> Username: MAC
Files may also be copied via DECnet (SPAN/HEPnet) from
57434::DISK8:[MAC.TOP.LIBRARY.VIRUS]

rascal.ics.utexas.edu
Werner Uhrig <werner@rascal.ics.utexas.edu>
Access is through anonymous ftp, IP number is 128.83.138.20.
Archives can be found in the directories mac/virus-catchers and
mac/virus-docs.

src.doc.ic.ac.uk
Lee McLoughlin <ukuug-soft@doc.ic.ac.uk>
Automatically maintained mirror copy of the sumex archive.
Anonymous FTP from src.doc.ic.ac.uk (146.169.2.1)
cd mac/sumex/info-mac/virus
Janet NIFTP (for UK users)
Host: uk.ac.ic.doc.src User: guest Pass: your email address
Path: <PUB>mac/sumex/info-mac/virus
ISO FTAM
Janet Addr: 000005102000 IXI Addr: 204334504108
Internet Addr: 146.169.2.1 User: anon
Path: mac/sumex/info-mac/virus
Interactive
Janet: pad uk.ac.ic.doc.src (00000510200001)
Internet: telnet src.doc.ic.ac.uk [146.169.2.1], User: sources
ISO VT (see FTAM for addresses), User: sources

sumex-aim.stanford.edu
Bill Lipa <info-mac-request@sumex-aim.stanford.edu>
Access is through anonymous ftp, IP number is 36.44.0.6.
Archives can be found in /info-mac/virus.
Administrative queries to
<info-mac-request@sumex-aim.stanford.edu>.
Submissions to <info-mac@sumex-aim.stanford.edu>.
There are a number of sites which maintain shadow archives of the
info-mac archives at sumex:
* MACSERV@PUCC   services the Bitnet community
* LISTSERV@RICEVM1   for e-mail users (Bitnet)
* listserv@ricevm1.rice.edu   for e-mail users (Internet)
* FILESERV@IRLEARN   for folks in Europe

uk.ac.hensa.micros
HENSA/micros Managers <hensa@uk.ac.hensa.micros>
Terminals: host uk.ac.hensa.micros, user "hensa", password "hensa"
NIFTP: host uk.ac.hensa.micros, user "hensa", password "hensa"
FTP: host micros.hensa.ac.uk, user "hensa", password "hensa"
Software archive for UK higher education sector. Anti-Viral stuff is
not collected into a distinct area. Hostname is in UK format.
(This site previously known as uk.ac.lancs.pdsoft.)

wsmr-simtel20.army.mil
Robert Thum <rthum@wsmr-simtel20.army.mil>
Access is through anonymous ftp, IP number 192.88.110.20.
Archives can be found in PD3:<MACINTOSH.VIRUS>.
Please get the file 00README.TXT and review it offline.

12.6.7 Unix security archive sites

cert.org
Ken van Wyk <krvw@cert.org>
Accessible through anonymous ftp, IP number 192.88.209.5
A number of directories can be found in ~ftp/pub/tools.

funic.funet.fi
Jyrki Kuoppala <jkp@cs.hut.fi>
Accessible through anonymous ftp, IP number 128.214.6.100.
Directory pub/unix/security contains programs to help in security,
pub/doc/security contains various documents about security in general
and unix security (like the worm documents)

wuarchive.wustl.edu
Chris Myers <chris@wugate.wustl.edu>
Accessible through anonymous ftp, IP number 128.252.135.4.
A number of directories can be found in ~ftp/usenet/comp.virus/*.

12.7 Internationale Computernetze

FIDO Net	Netzwerk von privaten Mailboxen.
VIR Net	Netzwerk von privaten Mailboxen zum Thema Computerviren
BITNET	Baumförmig strukturiertes Computernetz für Universitäten und Forschungsstätten.
UUNET	UNIX Netzwerk.
INTERNET	Wird hauptsächlich von Universitäten, kommerziellen Anwendern und staatlichen Stellen genutzt.
MILNET	Militärisches Computernetz.
HEPNET	High Energy Physics Network, wird von der NASA betrieben.
SPANET	Space Physics Analysis Network, wird von der NASA betrieben.
JUNET	Japanese University Network, regionales Netzwerk der japanischen Universitäten.

12.8 Gebräuchliche Abkürzungen in den Computernetzen

AFAIK	As Far As I Know
AKA	Also Known As
ASAP	As Soon As Possible
BCNU	Be Seeing You
BTW	By The Way
CCW	Counter Clockwise
CU	See You
FAQ	Frequently Asked Questions
IMHO	In My Humble Opinion
ROTFL	Rolling On The Floor Laughing
RTFM	Read The Fucking Manual
SNAFU	Situation Normal, All Fucked Up
TTFN	Ta Ta For Now
TTYL	Talk (Type) To You Later

12.9 Terminologie

Ich möchte hier zum besseren Verständnis einige allgemeingültige Definitionen im Bereich der Computer und der Computerviren erklären.

12.9.1 Anwenderprogramme

sind Programme für Computeranwendungen wie z.B. eine Textverarbeitung. Anwenderprogramme können aus einer einzigen, ausführbaren Datei mit der Endung .COM oder .EXE bestehen, oder aus verschiedenen anderen Dateien, die von einer ausführbaren .COM- oder .EXE-Datei beim Start mit aufgerufen werden (z.B. .OVL-Dateien).

12.9.2 Back Door

ist eine, vom Softwareautor in die Software einprogrammierte Funktion, die es dem Softwareautor ermöglicht, gewisse Befehle durchzuführen oder Funktionen abzurufen, die einem normalen Anwender nicht zur Verfügung stehen, wie z.B. das Umgehen von Anwenderpaßwörtern usw. Bei Computerspielen werden diese Back Doors auch Cheat genannt.

12.9.3 BBS

Bulletin Board System. In den USA weitverbreitete Bezeichnung für Mailboxen.

12.9.4 BIOS

Basic Input Output System ist ein spezielles Programm im ROM des PC's, welches für die absolut grundlegenden Aufgaben wie z.B. das korrekte Booten des Computers zuständig ist.
Das Betriebssystem wiederum nutzt das BIOS zum Verwalten des Rechners und seiner eingebauten Hardware. Das BIOS ist auch für die Kompatibilität verschiedener Hardware auf dem Computer zuständig. Deshalb müssen z.B. Festplatten im BIOS eingetragen werden. Außerdem prüft es den Computer nach dem Einschalten auf Funktionstüchtigkeit und lädt dann das Betriebssystem vom Datenträger in den Arbeitsspeicher. Danach ist das BIOS für die

grundlegende Datenübertragung zwischen Speichermedien, Schnittstellen und dem Computer zuständig. Viele Computerviren greifen direkt auf das BIOS zu unter Umgehung des Betriebssystems.

12.9.5 BSI

Boot-Sektor-Infektor ist eine weit verbreitete Art von Computerviren. Diese Art von Computerviren versteckt sich im Bootsektor einer Festplatte oder Diskette, um dann beim Booten des Computers die Kontrolle über den Rechner zu übernehmen.

12.9.6 BSI

Bundesamt für Sicherheit in der Informationstechnik. Diese Abkürzung ist aber nur innerhalb Deutschlands gebräuchlich.

12.9.7 Booten

Hochfahren oder Starten des Computers. Der Bootvorgang des Computers beginnt mit dem Einschalten des Computers und endet mit der Freigabe des Rechners für die Arbeit (wenn das DOS Prompt auf dem Bildschirm erscheint).

12.9.8 Bug

(englisch - Wanze) ist die Bezeichnung für einen mehr oder weniger schwerwiegenden Fehler in einer Software. Diese Ausdrucksweise stammt noch aus einer Zeit, als die Computer aus Tausenden von elektromechanischen Relais bestanden. Das Programm war durch die Verkabelung fest vorgegeben. Wenn ein solcher "Relaiscomputer" nicht richtig funktionierte, machten sich damals die Wissenschaftler auf die Suche nach dem Fehler. Ab und zu kam es dann vor, daß eine Wanze zwischen zwei Relaiskontakten hängengeblieben war. Dadurch waren die Relaiskontakte isoliert wenn das Relais anzog. Die Wissenschaftler mußten dann diesen Bug finden und zwischen den Relaiskontakten entfernen.

12.9.9 CMOS RAM

ist ein Speicher, in dem alle Systeminformationen des Computers
gespeichert sind, und der durch eine Batterie auch nach dem
Abschalten des Computers noch die Daten behält, wie z.B.
Festplattendaten, Bus-Timing und Waitstate Informationen, oder
wieviel RAM-Speicher in ein Computer eingebaut sind. In diesem
Speicher kann sich kein Computervirus verstecken oder
weiterverbreiten, da dieser Speicher vom Computer nicht als
normaler Speicher adressiert werden kann. Ein Computervirus
kann allerdings die Werte, die im CMOS RAM gespeichert sind,
verändern oder löschen.

12.9.10 Code

ist die Bezeichnung für den programmiertechnischen Programm-
inhalt, meist gebraucht in bezug auf ein Maschinenprogramm auf
Prozessorebene. Code entsteht z.B. durch Kompilation eines
Hochsprachenprogramms oder durch Assemblierung eines
Assemblerprogramms. Hochsprachen- und Assemblerprogramme
werden auch als Sourcecode ("Source") bezeichnet.

12.9.11 CPU

Central Processing Unit ist der Prozessortyp auf der Hauptplatine
und somit das Herzstück eines Computers. Die CPU führt alle
anfallenden Rechenoperationen der Software durch.

12.9.12 Datenträger

sind mechanische Speichermittel, auf denen Daten gespeichert
werden, z.B. Disketten und Festplatten. Auf diesen Datenträgern
werden die infizierten Programme gespeichert und weitergereicht.

12.9.13 DOS

Abkürzung für Disk Operating System. Auch als "Betriebssystem"
bezeichnet. Das Betriebssystem ist ein Programm, das eine
genormte Schnittstelle zwischen den unterschiedlichen Baugruppen
des Computers und den Anwenderprogrammen darstellt. So ist es
möglich, die gleichen Programme auf Rechnern mit unter-

schiedlicher Ausstattung und unterschiedlicher technischer Generationen laufen zu lassen.

12.9.14 FAT

File Allocation Table ist eine "Datei", die zu Beginn einer logischen DOS Partition auf einer Festplatte oder Diskette steht. In diesem Bereich werden alle Angaben abgespeichert, welche die physikalische Lage der Programme und die Reihenfolge und Zusammengehörigkeit der Dateisegmente auf einem Datenträger enthält. Die FAT ist sehr sensibel, der Verlust der FAT bedeutet mit größter Wahrscheinlichkeit totalen Datenverlust auf dem Datenträger.

12.9.15 Hacker

Tja, wie soll man einen Hacker definieren? Na, ich will es mal probieren. Ein Hacker ist eine Person, die Computer und moderne Informationstechnologie wirklich liebt und der diese Technologie bis an ihre Grenzen beherrschen und anwenden will. Es ist eine Person mit einer gesunden Neugier, die einfach vorhandene Türklinken benutzt, um zu sehen, ob die Tür verschlossen ist. Und wenn nicht, wirft er einen neugierigen Blick hinter diese Tür. Er zerstört keine Daten oder macht sich sonst irgendwie negativ bemerkbar. So haben wirklich gute und ernsthafte Hacker ihre eigene Hackerethik.

12.9.16 HMA

High Memory Area, 64 kByte (weniger 1 Byte) spezieller Speicher, der Programmen über die A20-Leitung durch einen Treiber (z.B. HIMEM.SYS) direkt adressierbar zur Verfügung gestellt wird, obwohl er eigentlich zum Extended Memory oberhalb 1 MB gehört. Zum Beispiel wird MS-DOS 5.0 durch die Zeile DOS=HIGH in der CONFIG.SYS zum großen Teil in diesen Bereich geladen. Ansprechbar ist die HMA ab einem 286er Prozessor.

12.9.17 Interrupt Tracing

ist eine Technik der (u.a.) tunnelnden Viren, Monitorprogramme zu unterlaufen. Die Originaladresse eines Interrupt-Handlers im BIOS wird gesucht und direkt angesprungen, so daß residente Monitorprogramme übergangen werden.

12.9.18 MBR

Master-Boot-Record ist der erste Sektor auf einer Festplatte. Normalerweise enthält der erste Sektor einer Festplatte das Partition Table. So kann z.B. eine 64MB Festplatte in zwei logische Partitionen von je 32MB unterteilt werden. Diese Angabe wird dann im Partition Table des MBR gespeichert. Die Ausführung beginnt mit der Stelle 0 des MBR und kann bis zu 1BEh bzw. 446 Byte ausführbaren Codes enthalten.

12.9.19 Partition Table

Dort sind die einzelnen Partitionen des Datenträgers eingetragen. Das Partition Table befindet sich im Zylinder 0, Spur 0, Sektor 1 eines Datenträgers. Es enthält Angaben wie z.B. welches Betriebssystem verwendet wird, sowie Angaben über den Startzylinder, Startspur, Startsektor, Endzylinder, Endspur, Endsektor, Anzahl der relativen Sektoren des Datenträgers und Anzahl der gesamten Sektoren des Datenträgers.

12.9.20 Payload

(engl. Nutzlast) ist die Bezeichnung für den Schaden, den der Computervirus anrichten soll. Diese Payload hängt alleine von den Motiven des Virenprogrammierers ab. Denn er bestimmt, welchen Schaden sein Computervirus anrichten soll. Der Schaden kann z.B. das Formatieren der Festplatte sein, das Verändern von Daten oder das Löschen von infizierten Files oder ganzer Verzeichnisse.

12.9.21 Phalcon / SKISM

ist eine Gruppe von Virusprogrammierern, die sich zum Zwecke des Informationsaustauschs zusammengeschlossen haben.

12.9.22 Public Domain

Programme unterliegen keinem Urheberrechtsschutz. Sie dürfen frei verbreitet und angewandt werden ohne Entrichtung einer Lizenzgebühr.

12.9.23 RAM

Random Access Memory ist der Arbeitsspeicher eines Computers. Dieser Speicher enthält die gerade laufenden Programme mit den dazugehörigen Daten. Beim Starten eines Programms wird dieses vom Datenträger in Arbeitsspeicher geladen. Damit ein Virus aktiv werden kann, muß er einen Teil des im Computer vorhanden RAM-Speichers selbst belegen.

12.9.24 ROM

Read Only Memory kann von keinem Virus manipuliert werden, da dieser Speicher nur gelesen und nicht beschrieben werden kann.

12.9.25 Shareware

Programme unterliegen dem Urheberrecht. Sie dürfen frei verbreitet werden. Wenn diese Programme von einem Anwender genutzt werden sollen, muß eine relativ geringe Lizenzgebühr an den Autor des Programms entrichtet werden. Diese Lizenzgebühr kann oftmals mittels einer Kreditkarte bezahlt werde. Dies ist sehr hilfreich, wenn das Shareware Programm aus dem Ausland kommt.

12.9.26 Sourcecode

auch Quellcode genannt, siehe "Code" in diesem Kapitel.

12.9.27 TOM

Top Of Memory: Vektor, der DOS mitteilt, wieviel konventionellen Speicher der Rechner besitzt. Normalerweise steht dieser auf 640kB, wenn jedoch ein Virus (meist ein Boot-Sektor-Virus) diesen heruntersetzt, kann er in diesem Bereich resident werden, ohne befürchten zu müssen, daß DOS seinen Code überschreibt. Zu erkennen ist ein verbogener TOM - Pointer daran, daß CHKDSK weniger als 655360 Byte Gesamtspeicher meldet. Dieser Effekt kann jedoch auch durch das BIOS eines Computers ausgelöst werden, nicht nur durch einen Virus.

12.9.28 Trasher

ist eine Person, die sich der gleichen Verfahrensweise eines Hackers bedient, aber dabei über (Daten) Leichen geht. Er zerstört oder verfälscht Daten, fährt Rechnersysteme runter oder bringt sie zum Absturz, verbreitet Trojanische Pferde und Computerviren. Hauptsache, er hat seinen Spaß und andere haben den Schaden.

12.9.29 Trigger

(Englisch = Abzug/Auslösemechanismus an einer Waffe) ist die Bezeichnung für die Auslösebedingung des Computervirus. Diese Auslösebedingung wird ebenfalls vom Programmierer des Computervirus festgelegt. Die Auslösebedingung löst den Teil des Viruscodes aus, der einen Schaden anrichten soll (siehe Payload in diesem Kapitel). Die Auslösebedingung kann eine bestimmtes Datum sein oder der x-te Start des Computers oder der x-te Zugriff auf die Festplatte oder auf ein bestimmtes Programm. Die Auslösebedingung wird vom Programmierer bestimmt.

12.9.30 TSR

Terminate and Stay Resident sind Computerprogramme, die im RAM-Speicher noch vorhanden sind und eventuell noch einige Funktionen ausführen, während der Anwender bereits mit einem anderen Programm arbeitet (nicht zu verwechseln mit Multitasking! TSR gibt es auch unter Single-Task-DOS). Leider gehören auch viele Computerviren zu den TSR-Programmen. Dadurch bleiben die Computerviren im Hauptspeicher des Computers aktiv, von wo aus sich der Computervirus weitervermehren kann. TSR-Programme werden oft auch als Hintergrundprogramme bezeichnet.

12.9.31 UMB

Upper Memory Block, RAM-Bereich zwischen 640 kB und 1 MB, der für Programme mit Hilfe eines speziellen Treibers (z.B. EMM386.EXE von MS-DOS 5.0) zugänglich gemacht wird. Normalerweise sind UMBs erst ab 386er Prozessor ansprechbar, allerdings besteht die Möglichkeit des Ansprechens des UMB auch bei manchen 286ern mit speziellem Chipsatz.

12.9.32 Wormers

siehe "Trasher" in diesem Kapitel

Weitere Definitionen und Terminologien werden in anderen, mehr themenbezogenen Kapiteln erklärt.

12.10 Naming Convention for Computer Viruses

Bisher wurde der Name des Computervirus vom Entdecker des Virus festgelegt. Für die Festlegung des Namens gab es keinerlei Vorgabe oder Muster, nach dem benannt werden mußte. So wurde oftmals nur die Bytelänge des Virus zum Namen gemacht. Ein weiteres Problem war die gleichzeitige Entdeckung des Computervirus an   verschiedenen Orten. Dann konnte es passieren, daß der Virus in den USA einen anderen Namen bekam als in Europa. Um Mißverständnisse zu vermeiden, wurde dann versucht, sich auf einen Namen zu einigen. Da es aber besonders wichtig ist, einen Computervirus einwandfrei identifizieren zu können, wurde ein Schema zur Namensgebung von Computerviren ausgearbeitet. Dieses Schema zur Namensgebung ist international gültig und sieht wie folgt aus:

Familienname.Gruppenname.Hauptvariante.Untervariante

Bei dem Einsatz von Anti-Virus-Software sollte man darauf achten, daß die Identifikation von Computerviren nach diesem Schema stattfindet.

12.11 International gebräuchliche Abkürzungen zum Thema Computerviren

ACL	Access control list
ACM	American Association for Computer Machinery
BAT	Suffix für Batch Dateien
BBS	Bulletin Board System
BCVRC	British Computer Virus Research Center
BFV	Batch File Virus
BIOS	Basic input output system
BPB	Bios Parameter Block
BSI	Boot-Sektor Infektor
BSI	Bundesamt für Sicherheit in der Informationstechnik
BSV	Boot-Sektor-Virus
CCC	Chaos Computer Club; Hamburg
CCITT	Comite Consultatif International Telegraphique et Telephonique
CCU	Computer Crime Unit
CERT	Computer Emergency Response Team
CESG	Communications / Electronic Security Group
CFG	Control Flow Graph
CIAG	Computer Incident Advisory Capability
CIC	Coordination and Information Center
CoTRA	Computer Threat Research Association
CPI	Corrupted Programming International
CPSR	Computer Professionals for Social Responsibility
CRC	Cyclic Redundancy Check
CREN	Corporation for Research and Education Networking
CVCM	Computer Virus Counter Measures
CVIA	Computer Virus Industry Association
CPL	Current Privilege Level
DAC	Discretionary Access Control
DAFV	Direct Action File Virus
DARPA	Defense Advanced Research Projects Agency
DDN	Defense Data Network
DEA	Data Encryption Algorithm
DES	Data Encryption Standard
DISNET	Defense Integrated Secure Network
DoD	Department of Defense

DOS	Disk Operating System
DPL	Descriptor Privilege Level
E3	End to End Encryption
EARN	European Academic Research Network
EAROM	Electronically Erasable ROM
ECM	Electronic Counter Measures
EEROM	Electronically Erasable ROM
EICVR	European Institute for Computer Virus Research
EOF	End Of File
EST	Eastern Standard Time
FAST	Federation Against Software Theft
FCB	File Control Block
FSI	File Specific Infector
GCHQ	Government Communications Headquarters
GDT	Global Descriptor Table
GPI	General Purpose Infector
HEPNET	High Energy Physics Network
IAB	Internet Activities Board
IAFV	Indirect Action File Virus
ICE	IN Circuit Emulator
ICMP	Internet Control Message Protocol
ICO	International CERT Organisation
IEE	Institute of Electrical Engineers
IEEE	Institute of Electronic and Electrical Engineeres
IETF	Internet Engineering Task Force
IFS	Inter Field Separator
I/O	Input Output
IOPL	I/O Privilege Level
IP	Internet Protocol
IPC	Inter Process Communication
IRTF	Internet Research Task Force
IRQ	Interrupt Request
ISO	International Standards Organisation
ITSEC	Information Technology Security Evaluation Criteria
JANET	Joint Academic Network
JUNET	Japanese Academic Network
LAN	Local Area Network
LDT	Local Descriptor Table
LFSR	Linear Feedback Shift Register
MAC	Mandatory Access Control

MCB	Memory Control Block
MD4	Message Digest Algorithm 4
MIT	Massachusetts Institute of Technologie
MMU	Memory Management Unit
MRI	Memory Resident Infector
NCSC	National Computer Security Center
NIFTP	Network Independent File Transfer Protocol
NIST	National Institute of Standards and Technology
NSA	National Security Agency
NSFNET	National Science Foundation Network
OSI	Open Systems Interconnection, ISO Standard
PFM	Program Flow Monitor
POST	Power On Self Test
PRAM	Parameter RAM
PRV	Partition Record Virus
PSP	Program Segment Prefix
PTE	Page Table Entry
QOS	Quality Of Service
RCR	Remote Copy Request
RFC	Request For Comments
RTVM	Run Time Validation Mechanism
R/W	Read / Write
SBIR	Small Business Innovative Research
SCA	Swiss Cracker's Association
SIPB	Student Information Processing Board
SMIB	Security Management Information Board
SPANET	Space Physics Analysis Network
TCB	Trusted Computer Base
TCSEC	Trusted Computer Security Evaluation Criteria
TNI	Trusted Network Interpretation
UEV	Undecidable Evolutionary Virus
U/S	User / Supervisor
WAN	Wide Area Network
WORM	Write Once Read Many
XOR	Exclusive Or Operation

12.12 Abbildungen in diesem Buch

12.13 Weiterführende und allgemeine Literatur

Im folgenden gebe ich alle Quellen an, die ich zur Recherche für dieses Buch genutzt habe. Es handelt sich dabei um Bücher, elektronische Publikationen von diversen File-Netzen und um Artikel aus einschlägig bekannten Fachpublikationen und Fachzeitschriften.

Virus L Digest Files 1991, 1992 & 1993

Virus L Digest Frequently Asked Questions File 6/1992

Malte Eppert
Frequently Asked Questions der FidoNet-Echo-Area VIRUS.GER
8/1992

Robert M. Slade
Antiviral Checklist
erschienen 1992 in den Virus L Digest Files

Steve R. White & David M. Chess
Coping with Computer Viruses and Related Problems
Research Report
IBM, Thomas J. Watson Research Center 1989

David Ferbrache
A Pathology of Computer Viruses
Springer Verlag 1992

Vesselin Bontchev
The Bulgarian and Soviet Virus Factories
Laboratory of Computer Virology, Bulgarian Academy of Sciences

Christopher V. Feudo
The Computer Virus Desk Reference
1992 Edition
Business One Irwin

Jan Hruska
Computer Viruses and Anti-Virus Warfare
Simon & Schuster International Group

Allan Lundell
Zeitbombe Computervirus
Wunderlich 1990

Fred Cohen
Computer Viruses: Theory and Experiment
in Computers & Security 6/1987 Seite 22 - 35

Fred Cohen
On the Implications of Computer Viruses and Methods of Defense
in Computer & Security 7/1988 Seite 167 - 184

W.H. Murray
Security Considerations for Personal Computers
in IBM System Journal Vol. 23 Nr. 3/1984

Security, Auditability, System Control Publications Bibliography
IBM 1987

An Executive Guide to Data Security
IBM 1975

Good Security Practices for Information Systems Networks
IBM 1987

Security Risk Assessment in Electronic Data Processing Systems
IBM 1984

Verschiedene Autoren
Das Chaos Computer Buch
Rowohlt Verlag 1988

Hans H. Gerhardt & Heinrich Göbel
PC- / MS - DOS für Insider
Markt & Technik Verlag 1988

Harald Milz
Verstohlene Seitenblicke
Der Interrupt 21h beim DOS Bootvorgang
c't 7/1992 Seite 198 ff

Jörg Schieb
Das DOS 5.0 Buch
Sybex Verlag 1992

Hans H. Gerhardt
DOS 3.3 für PC's und Personal System /2
Markt & Technik Verlag 1988

Philip M. Adams & Clovis L. Tondo
Writing DOS Device Drivers in C
Prentice Hall, Englewood Cliffs 1990

MS-DOS 5.0 Handbuch für Programmierer
Microsoft Press 1991

Arne Schärpers
DOS 5 für Programmierer
Addison Wesley 1991

Andrew Schulman
Undocumented DOS
Addison Wesley 1990

Shoch J., Hupp J.
The Worm Programs - Early Experience woth a Distributed
Computation
CACM, vol 25, 3, March 1982, pp. 172-180

Adleman L.
An Abstract Theory of Computer Viruses
Fred Cohen
Models of Practical Defenses Against Computer Viruses
Computers & Security, vol. 8 (1989), 2, pp. 149-160

Fred Cohen
Computational Aspects of Computer Viruses
Computers & Security, vol. 8 (1989), 4, pp. 325-344

Dowling W.
There Are No Safe Virus Tests
The American Mathematical Monthly, vol. 96, 9, Nov. 1989,
pp. 835-836

Dowling W.
Computer Viruses: Diagonalization and Fixed Points
Notices of the American Mathematical Society, vol. 37 (1990), 7,
pp. 858-861

Lai N., Gray T.
Strengthening Discretionary Access Controls to Inhibit Trojan Horses
and Computer Viruses proc. of USENIX'88, pp. 275-286

Joseph M., Avizienis A.
A Fault Tolerance Approach to Computer Viruses

Pozzo M., Gray T.
An Approach to Containing Computer Viruses
Computers & Security, vol. 6 (1987), pp. 321-331

Murray W.
The Application of Epidemiology to Computer Viruses
Computers & Security, vol. 7 (1988), 2, pp. 139-150

Wiseman S.
Preventing Viruses in Computer Systems
Computers & Security, vol. 8 (1989), 5, pp. 427-432

Jones S., White C.
The IPM Model of Computer Virus Management",
Computers & Security, vol. 9 (1990), 5, pp. 411-418

Gleissner W.
A Mathematical Theory for the Spread of Computer Viruses
Computers & Security, vol. 8 (1989), 1, pp. 35-41

David Ferbrache
Trojan Horse Techniques to Compromise Sensitive or Classified Data
Virus Bulletin, September 1990, pp. 11-14.

Rob Rosenberger & Ross Greenberg
Computer Virus Myths
1988

Trusted computersystem evaluation criteria (Orange Book)
DoD, US Department of Defense, 1985

Password management guideline (Green Book)
DoD, US Department of Defense, 1985

John P. Wack & Lisa J. Carnahan
Computer Viruses and Related Threats: A Management Guide

Brenner, Aaron
LAN Security
LAN Magazine, Aug 1989.

Deloitte, Haskins, & Sells
Computer Viruses - Proceedings of an Invitational Symposium
Oct 10/11, 1988

Dvorak, John
Virus Wars: A Serious Warning
PC Magazine; Feb 29, 1988.

Federal Information Processing Standards Publication 83
Guideline on User Authentication Techniques for Computer Network
Access Control
National Bureau of Standards, Sept, 1980.

Federal Information Processing Standards Publication 85
Guidelines for ADP Contingency Planning
National Bureau of Standards, March, 1981.

Fiedler, David and Hunter, Bruce M.
Unix System Administration
Hayden Books, 1987

Fitzgerald, Jerry
Business Data Communications: Basic Concepts, Security, and
Design
John Wiley and Sons, Inc., 1984

Gasser, Morrie
Building a Secure Computer System
Van Nostrand Reinhold, New York, 1988

Grampp, F. T. and Morris, R. H.
UNIX Operating System Security
AT&T Bell Laboratories Technical Journal, Oct 1984.

Highland, Harold J.
From the Editor -- Computer Viruses
Computers & Security; Aug 1987.

Longley, Dennis and Shain, Michael
Data and Computer Security

NBS Special Publication 500-120
Security of Personal Computer Systems: A Management Guide
National Bureau of Standards, Jan 1985.

Parker, T.
Public domain software review:
Trojans revisited, CROBOTS, and ATC
Computer Language; April 1987.

Schnaidt, Patricia
Fasten Your Safety Belt
LAN Magazine, Oct 1987.

William Gibson
Neuromancer
Heyne, 1987
ACHTUNG ! Kein Fachbuch sondern ein Science Fiction Roman.

Eugene H. Spafford
The InterNet Worm Program: An Analysis
Purdue Technical Report CSD-TR-823, 1988

B. Clifford Neuman & Jennifer G. Steiner
Authentication of Unknown Entities on an Insecure Network of
Untrusted Workstations
Massachusetts Institute of Technologie

Matt Bishop
An Overview of Computer Viruses in a Research Environment
Department of Mathematics and Computer Science, Dartmouth
College

Dr. Thomas Wille
Verschlüsselungssysteme; Keine Chance für Datenpiraten
Funkschau, 12/92 Seite 70 ff

Peter C. Wayner
Using Content-Addressable Search Engines to Encrypt and Break
DES
Computer Science Department, Cornell University

Donn Seeley
A Tour of the Worm
Department of Computer Science, University of Utah

David M. Chess
Virus Verification and Removal Tools and Techniques
IBM, Thomas J. Watson Research Center 1991

G. Al-Dossary
Computer Virus Prevention and Containment on Mainframes
Computers and Security April 1990 Seite 131 - 137

J. Brunner
The Shockwave Rider
Ballantine, 1975
ACHTUNG ! Kein Fachbuch sondern ein Science Fiction Roman.

Rudolf Schief
Einführung in die Mikroprozessoren und Mikrocomputer
Attempo Verlag, 1991

H. Tornsdorf & M. Tornsdorf
Das große Personal Computer Buch
Data Becker, 1991

Microsoft's DOS 6.0 beta due this month; will include anti-virus
software.
PC Week, August 3, 1992 v9 n31 p4(1).

An ounce of prevention....
Computer Shopper, August 1992 v12 n8 p849(1).

Jürgen Loga
Datensicherheit
BHV Verlag

Diethard Erbslöh
Sicherheit rund um den PC
Taylorix Fachverlag

Martin Hofmann
Viren erkennen und beseitigen
Falken Verlag

Martin R. Smith
Commonsense Computer Security
Mc Graw-Hill

Jan Hruska & Keith Jackson
Computer Security Solutions
Blackwell Scientific Publications

H. Kersten
Einführung in die Computersicherheit
Oldenbourg Verlag

Neil Postman
Das Technopol
S. Fischer Verlag

Dr. Alan Solomon
Dr. Solomon's Virus Encyclopaedia
S&S International

Niels Bjergstrøm & Righard Zwienenberg
CSE News Letter Oktober 92 - März 93
Computer Security Engineers

12.14 Wichtiger Hinweis

Die in diesem Buch wiedergegebenen Verfahren und Programme werden ohne Rücksicht auf die Patentlage mitgeteilt. Sie sind ausschließlich für Lehrzwecke bestimmt und dürfen nicht gewerblich genutzt werden. Alle Angaben und Programme in diesem Buch wurden von dem Autor mit größter Sorgfalt erarbeitet bzw. zusammengestellt und unter Einschaltung von Kontrollmaßnahmen niedergeschrieben. Trotzdem sind Fehler nicht ganz auszuschließen. Der Autor sieht sich deshalb gezwungen, darauf hinzuweisen, daß weder eine Garantie noch die juristische Verantwortung oder irgendeine Haftung für Folgen, die auf fehlerhafte Angaben zurückgehen, übernommen werden kann. Für die Mitteilung eventueller Fehler ist der Autor jederzeit dankbar.

13 Index

Programmieren mit Turbo C++ 3.1 für Windows

von Gerd Kebschull

1993. 457 Seiten mit Diskette. Gebunden.
ISBN 3-528-05336-4

Was das Buch bietet ...
* eine Einführung in die C-Programmierung mit Turbo C++ 3.1 für Windows.

Worum es geht ...
* Datentypen, Speicherklassen, Variablen und Operatoren
* Verzweigungen und Schleifen
* Zeiger, Adressen, Vektoren
* Strukturen und Unionen

Und außerdem ...
* Dateiverarbeitung
* Grundlagen der Objektorientierten Programmierung
* Ein Malprogramm mit ObjectWindows
* Der Resource Workshop
* Der Turbo Debugger

Was der Leser benötigt ...
* HARDWARE: PC mit 80386-Prozessor oder höher.
* SOFTWARE: Turbo C++ 3.1 für Windows unter windows 3.1

Besondere Kennzeichen ...
* Alle Beispielprogramme stehen als Quelltexte auf beiliegender Diskette voll lauffähig zur Verfügung. Sie können als Softwarebausteine für eigene Weiterentwicklungen dienen.

Der Autor ...
* Gerd Kebschull ist als DV-Dozent, freier Journalist und Computer-Fachbuchautor tätig.

Verlag Vieweg · Postfach 58 29 · D-6200 Wiesbaden 1